Archduke of Austria Charles

Aphorismen

Archduke of Austria Charles

Aphorismen

ISBN/EAN: 9783744658058

Hergestellt in Europa, USA, Kanada, Australien, Japan

Cover: Foto ©ninafisch / pixelio.de

Weitere Bücher finden Sie auf **www.hansebooks.com**

Aphorismen.

Von

weil. Sr. kaiserl. Hoheit

Erzherzog Carl von Oesterreich.

Wien und Leipzig.

Wilhelm Braumüller

k. u. k. Hof- u. Univ.-Buchhändler

1893.

Druck von Friedrich Jasper in Wien.

Die vorliegenden »Aphorismen« fanden sich unter dem reichen handschriftlichen Nachlasse weiland Sr. kaiserl. Hoheit des Erzherzogs Carl von Oesterreich und gelangen mit Genehmigung Ihrer kais. u. kön. Hoheiten, der durchlauchtigsten Herren Erzherzoge Albrecht und Wilhelm, hier zum erstenmal in ihrer Vollständigkeit zur Veröffentlichung. Ihr Werth ist um so größer, als sie geeignet sind, einen tiefen Einblick in das Seelenleben des »Siegers von Aspern« zu gewinnen und in dem Erzherzoge den Menschen zu erkennen in der edelsten Bedeutung des Wortes.

In den »Aphorismen« Erzherzog Carl's kommen die wichtigsten Fragen des privaten und öffentlichen Lebens zur Betrachtung. Die militärischen Disciplinen erscheinen in prägnanten Sätzen; innere und äußere Politik, Regierende und Regierte werden mit wenigen Worten auf das Lichtvollste charakterisirt; sociale Fragen finden ihre Erörterung; Religion und Ethik, Erziehung und Unterricht werden in den Bereich seiner Reflexionen gezogen; das Verhältniß des Menschen zum Menschen, des Freundes zum Freunde, des Vorgesetzten zum Untergebenen wird untersucht und in seiner wahren Bedeutung hingestellt.

Den charakteristischen Grundzug der »Aphorismen« des Erzherzogs Carl bildet — im Gegensatze zu den »Maximes« von La Rochefoucauld, bei welchem der Egoismus als Ausgangspunkt zu seinen Gedanken erscheint — neben der Kenntniß der menschlichen Schwächen der Hinweis und der Glaube an die idealen Güter der Menschheit. In diesem Glauben unterscheidet er sich auch von Napoleon. Während bei diesem überall die Verachtung und Geringschätzung des Menschen zum Ausdrucke gelangt, ist der Grundzug im Wesen des Erzherzogs die Liebe zum Nächsten, die Hingabe für das Allgemeine zum Wohle des Einzelnen.

Kein Anderer als der Erzherzog selbst hat diesen Gegensatz zwischen sich und dem genialen

Corfen treffender charafterifirt, wenn er fagt: »Napoleon Bonaparte war Alles, nur kein Menfch; daher hat er alle Gefühle, nur nicht jenes der Liebe feiner Nebenmenfchen in An= fpruch genommen und wurde folglich allgemein verlaffen, wo nur diefes mehr gelten konnte,« und wenn er an einer anderen Stelle den Fürften zuruft: »Menfchenkenntniß fei Euere erfte Wiffen= fchaft und billige Schätzung des Menfchen Euer vorzüglichftes Beftreben.«

Nirgends tritt die contemplative Natur, der groß angelegte und Alles umfaffende Geift des Erzherzogs mehr zu Tage als in den »Aphorismen«. Sie find die Frucht reicher Er= fahrung und gereiften Denkens. Wiederholt bezieht fich der Erzherzog in feinen Ausfprüchen auf feinen Lieblingsfchriftfteller, auf Tacitus; feine Worte dienen manchmal zur Anregung für neue Gedanken, oder der Grundgedanke des römifchen Gefchichtsfchreibers ift in veränderter Form mit einer ftofflichen Erweiterung wieder= gegeben. In militärifchen Fragen bilden die großen gefchichtlichen Ereigniffe am Ende des vorigen und am Anfange diefes Jahrhunderts, hie und da auch das Alterthum die Grundlage

zu den nach dieser Richtung entwickelten Ge=
danken.

Niedergeschrieben wurden die »Aphorismen«,
wie sich aus dem Manuscript ergibt, größten=
theils in den Jahren 1815 und 1816. Ein
Theil derselben gehört einer späteren Zeit an.

Wien, im November 1892.

F. L. M.

Aphorismen.

I.

Der Mann, dem die oberste Leitung eines Geschäftes anvertraut ist, soll nur das selbst machen, was kein Anderer für ihn zu thun vermag. Er hat genug geleistet, wenn er Grundsätze aufstellt, und ohne die Uebersicht des Ganzen und die Kraft, es zu leiten, ob ihrer Ausführung zu verlieren, die Menschen gut wählt, denen er diese, sie überwachend, vertraut. Nichts sichert mehr vor Mißgriffen.

Zwar sagt man sich bei solchen Schritten, die Andere machen, daß man sie vermieden hätte, weil man, frei von den Verwicklungen des Handelnden, erkennt, daß sie falsch sind. Aber hätten wir im Gewirre der kleinlichen Einzelnheiten sie wohl auch erkannt? Wären wir vielleicht nicht auf ärgere Abwege ge=

rathen, die dann kein Höherer mehr verlassen
konnte?

*

Wer, um nicht durch Andere geleitet zu
werden, Alles selbst machen will, gleicht einem
Kutscher, welcher über der Anstrengung, den
Wagen zu ziehen, die Freiheit verliert, um
dessen Bewegung zu lenken.

*

Es ist ein großer Fehler, daß man bei
der Erziehung der Fürsten ihnen als Vorbilder
ihrer eigenen Thätigkeit vorzüglich den Fleiß
jener anrechnet, welche Alles selbst thun wollten
und vom Anbruch des Tages bis in die Nacht
an ihrem Schreibtische saßen.

*

Schwache Fürsten gerathen, aus Furcht
beherrscht zu werden, gerade in die schmählichste
Knechtschaft. Sie vermeiden den kräftigen, geist=
reichen Mann und fallen in die Hände der selbst=
süchtigen Mittelmäßigkeit, die von der guten
Stunde des Regenten für sich erschleicht, was

der große Geschäftsmann, in dem Augenblicke, wo es gilt, durch Gründe für die Sache zu erreichen bemüht ist. Dort fühlt man das Joch nicht, hier erkennt man das Gewicht, vor dem man sich scheut. Die Geschichte liefert uns eine Folgereihe von Beispielen, daß blos Minister von mittelmäßigen Geistesgaben durch längere Zeit ihre Monarchen beherrschten.

*

Der Minister eines großen Staates, der die Politik zur Intrigue herabwürdigt, gleicht einem Fürsten, der vom Throne herabsteigt, um in den Vorzimmern zu sollicitiren. Wir haben in unseren Tagen beides erlebt und werden es noch erleben, weil es leichter ist, die Rolle des Kammerdieners zu spielen als jene des Herrn.

*

Sorgfältig und mit Lob bewahrt die Geschichte die Namen der Menschenverderber, verschweigt aber jenen des heldenmüthigen Einsieblers, der in den Circus eindrang, dem versammelten römischen Volke gegen seine blutigen

Spiele zu predigen und unter deſſen Steinen als Opfer ſeines heiligen Eifers für die Menſch=heit fiel.

*

Als Bonaparte in Wien die Grüfte beſah, in welchen ſich die Grabmäler des öſterreichiſchen Hauſes befinden, rief er aus: »Vanitas vani-tatum, hors la force!« Er hat an ſich ſelbſt die Erfahrung gemacht, daß die Ausnahme nicht Stich hält.

Was er von der phyſiſchen Kraft meinte, paßt wohl mehr auf die moraliſche, auf die Kraft der Seele. Außer ihr iſt Alles Eitelkeit und ihre Reſultate allein unvergänglich, denn nur ſie führen zum dauerhaften, zum ewigen Glück auch jenſeits des Grabes.

*

Extreme ſind nirgends ſchädlicher als in den Maximen und Neigungen der Regenten, denn ſie ſind beſtimmt, das Widerſtrebende ruhig zu vereinen. Eine ſchreibſelige Regierung iſt für ſtürmiſche Zeiten ebenſo verderblich als eine ſoldatiſche für das ruhige Leben und Treiben des Bürgers.

*

Wie die ganze Natur, so kann man auch das Leben, sowie alle Verhältnisse und Einrichtungen der Menschen in vier Jahreszeiten eintheilen. Wie der Landmann, so treibe Jede nur das, was der Zeit angemessen ist, in welcher er sich befindet. Wer ernten will, wenn er anbauen sollte, oder Blumen pflücken, wenn die Zeit gekommen ist, Früchte zu sammeln, der erreicht keinen Zweck und vergeudet seine Kräfte in unnützen Anstrengungen. Wie mancher Regent hat sein Volk unglücklich gemacht, weil er diesen Grundsatz nicht auf die Staatskunst ausdehnte.

*

Im Laufe der französischen Revolution brachte man alle Theorien und Träumereien des Zeitalters in die Staatsverwaltung. Ohne Rücksicht auf die wirklichen Verhältnisse stellten Theoretiker Versuche mit ihren rein abstracten Ideen an; was war und bestand, galt ihnen nichts, daher das ganze Unglück dieser Revolution. — Wird wohl dieses Beispiel Andere abschrecken, in den nämlichen Fehler zu verfallen?

*

Ein Usurpator wird immer größer erscheinen und mehr leisten als ein rechtmäßiger Monarch, weil ihn nur außerordentliche Fähigkeiten auf den Standpunkt erheben können, welchen der Andere seiner Geburt verdankt, und weil er nach den ersten Schritten gelernt hat, kein Mittel zu verschmähen.

*

Es ist nicht klug, den Minister, der durch eine Reihe von Erfahrungen und Mißgriffen den wahren Weg seiner Verwaltung gefunden hat, des Vergangenen wegen zu entfernen. Sein Nachfolger wird selten den Standpunkt erreicht haben, auf welchem der Abgehende stand; und so wird ewig an der Verwaltung nur versucht. Nur wer entschieden ohne Talent und guten Willen ist, das Werk mit Verstand und Redlichkeit zu führen, weiche einem Besseren.

*

Das Zaudern, durch welches Fabius Rom und Wellington Spanien rettete, entstand nicht aus jenem Gefühl von Schwäche, die uns zur Unthätigkeit bestimmt, weil wir nicht vermögen

einen Plan zu fassen und zu verfolgen, die er=
wartet in Einwirkungen äußerer Umstände
Motive zu ferneren Handlungen zu finden; —
es war der Entschluß kräftiger Seelen, welche
das bis aufs Aeußerste befolgten, was sie als
das Zweckmäßigste anerkannt hatten. Wie selten
finden wir solch kräftige Zauberer — wie häufig
hingegen Raschheit und Schwäche!

*

Ist es ein Wunder, wenn die Großen der
Erde die Menschen nicht achten, da sie vor
ihren Augen nur immer in den verächtlichsten
aller Stellungen — in der kriechenden — er=
scheinen; damit entschuldigt jeder Tyrann die
Behandlung der Menschheit. Er vergißt, daß
die Großen selten das Selbstgefühl eines Ge=
ringeren vertragen und gewöhnlich nur den
Schwachen, der nie ihrer Laune widerstrebt,
huldvoll um sich dulden. Ist es Wunder, wenn
sich in dem selbstgewählten Kreise der Abschaum
des Menschengeschlechtes oder sein lockerer Theil
nur versammelt?

*

Von allen neueren Geschichten studire ich die französische am liebsten, weil ich in selber von den reinsten bis zu den verdorbensten Sitten, von der wildesten Barbarei bis zu der größten Ausbildung, von der rohesten Unthat und den feinsten Hofintriguen bis zur reinsten entschlossenen Aufopferung, bis zur edelmüthig= sten Offenheit Alles finde, was die verschiedenen Stufen bezeichnet, auf welchen die Menschheit stand.

*

Bonaparte war seinen Zeitgenossen, was unseren Voreltern der Teufel, und allen Völkern das böse Grundwesen: das Außerordentliche in Kraft, Geist und Verruchtheit.

*

Sehr richtig sagte Bonaparte zu einem öster= reichischen General: »Les Français doivent être gouvernés par une main de fer, couverte d'un gant de velours.«

*

Als nach Joseph's II. Tod sein Bruder Leopold II. den österreichischen Thron bestiegen hatte, rief er aus: »Hier wären zwei Kaiser nöthig, einer für die wichtigen Geschäfte und einer für die Kleinigkeiten.« — Seitdem haben sich nicht nur in Oesterreich, sondern in allen europäischen Staaten die Geschäfte so vermehrt und verwickelt, daß Jedem, der damit beauftragt ist, weder Muße noch Kräfte zu eingreifenden, umfassenden Conceptionen übrig bleiben. Ist es daher ein Wunder, wenn man überall unter jenen Männern, welche frei von Staatsdiensten sind, die tiefdenkendsten und klügsten findet; wenn diese in dem Gefühle der Ueberlegenheit ihrer Conceptionen stets eine Opposition gegen die Geschäftsmänner bilden; wenn endlich unbekannte Menschen aus dem Dunkel mit einer Kraft hervortreten, welcher die in den Kanzleien ergrauten nicht zu widerstehen vermögen?

*

Bonaparte war so lange glücklich, als er jeden seiner Schritte tief durchdachte, wohl berechnete und vollkommen ausführte. Als ihn endlich die große Ausdehnung seiner Pläne nöthigte, und die Verachtung für das übrige Menschengeschlecht verleitete, seine Unterneh=

mungen persönlich blos oberflächlich zu ent=
werfen, anzugeben und auszuführen, da begann
sein Sturz.

*

Die Thaten großer Männer der Vorzeit
haben von denen der Helden unserer Tage so
verschiedene Formen und Resultate, daß Ober=
flächlichkeit und Pedantismus stets den Gemein=
platz aussprechen: erstere würden in der jetzigen
Welt den Namen nicht mehr verdienen, welchen
sie sich in der vorigen erwarben; gleich als
wollte man Hannibal für keinen großen Feld=
herrn anerkennen, weil er bei seinen Schlachten
kein Geschütz verwendete, und nach einem Sieg
an dem Fuße der Alpen nicht ganz Italien
durch einen Zug eroberte. Ein gewöhnlicher
Mensch will unter allen Umständen sein einmal
erlerntes System anwenden. Der Mann von
Genie faßt jederzeit die Verhältnisse richtig auf,
in denen er sich befindet, paßt ihnen seine Hand=
lungen an, benutzt auf das kräftigste die ihm
zu Gebote stehenden Mittel und weiß sich durch
diese neue zu schaffen. Sein ausschließliches
Eigenthum ist sein Geist, der ihn über Andere
durch Entschlüsse und Thaten erhebt, deren

Form jedoch stets von der Stufe der Ausbildung seines Zeitalters abhängt.

*

Sylla, der seine Macht so grausam miß-
braucht hatte, legte die Dictatur freiwillig vor
dem versammelten Volke ab. Alles blieb ruhig
und in Erstaunen, nur ein Junge verfolgte
ihn mit Schimpfworten bis zu seiner Thüre.
Sylla hörte ihm ruhig zu und sagte nur:
»Dieser junge Mensch wird machen, daß keiner
mehr eine solche Gewalt niederlegen mag.«

*

So wie Rom strebte Frankreich nach der
Oberherrschaft der Welt. Napoleon hatte die
römischen Hilfsmittel, um dahin zu gelangen,
am umfassendsten angewendet und vervielfältigt,
aber er wollte das Werk zu schnell vollenden.
Er bekriegte neue Völker, ehe er sich die früher
eroberten befreundete, er häufte die Lasten aller
Eroberungskriege auf einmal auf die seinigen,
erdrückte sie selbst und verfehlte seinen Zweck.

*

Ein ausgedehntes und zugleich wohlbebautes Gebiet kann nicht republikanisch regiert werden. Despotisch beherrschte Rom Alles außer seinen Ringmauern, in deren Umfang allein sich die Republik befand. Die französische Republik war eine Chimäre, und die amerikanische zerfällt sicher, sobald die zuwachsende Bevölkerung ihren Boden in hohem Grade urbar gemacht und bebaut haben wird.

*

Die Menschen müssen in dem Maße kräftiger regiert werden, als ihre nähere Aneinanderdrängung die Reibung der Leidenschaften vermehrt.

Da aber in Jedem der Drang nach Unabhängigkeit liegt, so wird jede Regierung in dem Maße verhaßter, als sie diese fühlbarer beschränkt.

Glücklicherweise sieht der Mensch die Freiheit mehr in Dingen, die dem Hauptzweck der Regierung gleichgiltig oder weniger wesentlich sind — in Gewohnheiten, Festen, Worten, Manieren u. s. w. Die Regierung, welche das Volk darin seinem Hang überläßt, ist jederzeit und überall die beliebteste und beglückendste. Nicht die Last erdrückt den Menschen, aber die Art sie ihm aufzulegen.

*

Napoleon Bonaparte war Alles, nur kein Mensch; daher hat er alle Gefühle, nur nicht jenes der Liebe seiner Nebenmenschen in Anspruch genommen, und wurde folglich allgemein verlassen, wo nur dieses mehr gelten konnte.

*

Die Schriftsteller, so die Helden über Alles preisen und der Monarchen kaum erwähnen, welche im eigentlichen Sinne ihre Unterthanen beglücken, erleichtern nicht nur, sondern verursachen sogar den Ausbruch mancher Kriege.

*

Wenn Schwache und Unfähige Macht haben und noch dazu träg oder leichtsinnig sind, so entscheiden sie sich leicht zum Kriege. Sie greifen nach dem Schwert, um den gordischen Knoten zu zerhauen, welchen aufzulösen sie nicht genug Einsicht und Beharrlichkeit haben.

*

Vergleicht man das Resultat des glück=
lichsten Krieges mit den dazu aufgebotenen
Mitteln, so zeigt sich, daß man meistens ein
viel größeres mit geringerem Aufwand von
Kraft auf gelinderen Wegen erreichen konnte.

*

Der Krieg, sagt man, liegt in der Natur,
sowie der Hang zum Bösen. Aber bezeichnet
nicht der Sieg im fortwährenden Kampfe über
das Böse die Laufbahn des Tugendhaften?
Und sollten wohl die Regenten eine andere
gehen? Sollten sie nicht wenigstens bedacht
sein, durch Bezähmung des feindseligen Hanges
den Krieg zu vermeiden als ihn zu suchen?

*

Wer in der Politik gerade und aufrichtig
zu Werke geht, gewinnt die Redlichen, betrügt
die Schurken, welche überall eine der ihrigen
ähnliche Falschheit wähnen, und handelt mit
Kraft, weil er auf sich und auf seine Selbst=
zufriedenheit baut.

*

Der Ostracismus besteht in der That heut=
zutage in allen Staaten, sowie vordem in Athen;
nur ehrt er die Verbannten weniger, weil die
jetzigen Menschen mehr Gefühl für den Besitz
von Stellen als für die Ehre haben, den Ver=
ächtlichen unter ihren Mitbürgern im Wege zu
stehen.

*

Unsere Voreltern waren weder besser noch
schlechter als wir, aber kräftiger; daher sich
ihre Tugenden sowohl als ihre Laster in größerem
Maße aussprachen.

Schwäche ist der Charakter unseres Zeit=
alters, in welchem die matten Seelen den Keim
des Großen, das sie fürchten, in der Brust des
heranwachsenden Jünglings ersticken.

Nur ein besonderes Genie, folglich nur
eine seltene Erscheinung vermag heutzutage jene
Stufe zu erreichen, auf welcher bei den Alten
selbst mittelmäßige Menschen, folglich die Mehr=
zahl stand.

*

Um einen ehrenvollen Frieden zu erhalten,
biete man ihn dem Feind nach jedem erfoch=
tenen Siege an. Verwirft er den Vorschlag, so

wird man dadurch berechtigt, von der Nation neue Anstrengungen zu fordern, welche durch wiederholte Siege doch endlich zu dem erwünschten Zweck führen müssen.

Brennus wurde durch Camillus geschlagen, weil er, nicht zufrieden mit dem errungenen Vortheil, sein Schwert in die Wagschale legend, noch größere forderte.

*

Die Erfahrungen gehen für den großen Haufen verloren. Sie werden nur dann nützlich, wenn man durch Ergründung der Ereignisse die eigentlichen Ursachen entdeckt, durch welche sie veranlaßt wurden und aus deren Vergleich mit dem Erfolge praktische Resultate und Regeln abstrahirt.

Die Erfahrungen gleichen sonst der Arbeit der Danaiden, oder man hat das Los der Tragthiere des Prinzen Eugen, welche alle seine Feldzüge mitmachten, Augenzeugen seiner Thaten waren und — doch immer nur Tragthiere blieben.

*

Man sollte die Hofnarren wieder einführen, mit der Bestimmung, den Fürsten unbefangen bei jeder Gelegenheit die Wahrheit zu sagen; aber diese Stellen müßten durch redliche, geistige Männer besetzt werden.

*

Wo die Regierung kräftig ist, erheben sich auch die Talente. Der feste Reiter liebt das geistige Pferd, welches die Fähigkeit besitzt, ihn zu dem großen Ziele zu führen, zu dem er es zu lenken vermag; der schwache hingegen das matte — denn seine Wünsche beschränken sich darauf, sich auf selbem zu erhalten.

*

Durch die Abschaffung des Faustrechtes wurden die Privatrechte und die Kräfte der Einzelnen auf die Beherrscher der Staaten übertragen.

Der Mißbrauch, den diese damit zur Befriedigung ihrer Eitelkeit und Vergrößerungssucht machten, verursachte hauptsächlich die Stürme, welche seit 1788 Europa beunruhigen.

Sie können nicht voll enden, bis man allgemein den Gang der Politik nicht mehr ausschließlich der Berechnung seiner Kräfte, sondern

den Grundsätzen der Moral unterordnen wird;
und davon sind wir am 1. Jänner 1815 noch
sehr weit entfernt.

*

Die Großen der Erde gewinnen die Men=
schen, wenn sie sich mit ihnen gleichstellen. Sie
können es dadurch, daß sie von ihrer erhabenen
Stufe zu ihnen herabsteigen, oder daß sie die
tiefer Stehenden zu sich hinaufziehen. Letzteres
ist vorzüglicher, denn es schmeichelt mehr der
Eigenliebe des Erhobenen, und der Höhere
vergibt dabei weniger von seinem Ansehen, so=
wie von der ihm schuldigen Ehrfurcht und Ge=
horsam.

*

Wer kann ohne Verehrung die Schwelle
des Domes von Mailand betreten, wo sich
Ambrosius und Theodosius so groß zeigten.
Der heilige Bischof, welcher dem Monarchen
die Wahrheit so bestimmt und kräftig vortrug,
war ein ebenso starker und seltener Mann als
der Kaiser, welcher sie öffentlich anerkannte
und seine Schuld abbüßte.

*

Wie wenige Menschen wissen ihre Lauf=
bahn zu rechter Zeit zu vollenden. Durch Eigen=
liebe getäuscht, glauben sie selbst nach Abnahme
ihrer Kräfte, und nachdem der Geist ihrer Zeit
ihnen fremd geworden ist, nachdem es anderer
Hebel bedarf als die sie zu führen verstehen,
noch immer das leisten zu können, was sie bei
voller Kraft und günstigen Umständen thaten,
und verlieren durch ein solches Bestreben mit
Recht einen sauer und mühevoll erworbenen
Ruhm.

Das »oportet imperatorem stantem mori«
ist daher nicht unbedingt anzuwenden.

*

Als Roms Abgesandte Diocletian zur
Wiederannahme der Kaiserwürde bereden woll=
ten, zeigte er ihnen mit selbsttäuschendem Stolze
den von ihm in seinem Garten gepflanzten Salat,
welchen er dem Throne vorzuziehen vorgab
und wohl auch wähnte.

Aber wie wenig der Mensch dem Herrschen
zu entsagen geneigt sei, hat er mit Anderen
später bewiesen.

Mit mehr Wahrheit fand er zugleich das Los der Regenten keineswegs zu beneiden, weil sie, von einigen wenigen Menschen umgeben, nur durch sie sehen, hören und handeln können.

Ihr Fürsten, wählt Diejenigen zweckmäßig, denen Ihr Euer Zutrauen schenken wollt; aber vertraut denen redlich, die Ihr mit gutem Bedacht gewählt habt; ehret und belohnet als Fürsten, tadelt und strafet als Menschen und Freunde, gütig, besonnen, ernst — so werdet Ihr gut regieren.

Menschenkenntniß sei Eure erste Wissenschaft, und billige Schätzung des Menschen Euer vorzüglichstes Bestreben.

*

Nur selten wird ein schlechter Frieden durch einen Krieg wieder gut gemacht.*)

*

Im Kriege eignet sich jeder der Mitwirkenden die glücklichen Ereignisse zu, indeß die

---

*) Misera pax raro vel bello bene mutatur.

Tacitus.

unglücklichen stets nur Einem zur Last gelegt werden.*)

*

Gäbe es wie in Ephesus einen Herostratus in Oesterreich, so würden anstatt des Tempels der Diana die Buchhaltereien, diese Tempel der Schreibseligkeit, in Rauch aufgehen.

*

Ich ehre das otium der Alten, dem wir die tiefsten Ansichten in jedem Fache verdanken. Zwar ist die Thätigkeit der jetzigen Zeit viel fruchtbarer an verschiedenen Ideen, aber sie sind minder gediegen und mehr Spiele des Geistes als leitende Regeln des Lebens.

Die Alten sind einseitig und groß, wir vielseitig und flach.

Die griechischen Republiken sowie Rom hatten durch eine lange Reihe von Jahren nur einen Staatsgrundsatz, eine Politik, gleiche Sitten, Gebräuche und Einrichtungen u. s. w. — Heutzutage ändern sich in jedem Jahrzehnt

*) Iniquissima haec bellorum conditio est: prospera omnes sibi vindicant, adversa uni imputantur.
Tacitus. Agricola, cap. 37.

gänzlich alle Verhältnisse der Staaten unter sich, alle ihre Regierungsgrundsätze, ja sogar die Sitten, die Denkungsart, die Grundsätze der menschlichen Gesellschaft und jene der einzelnen Menschen. Daher die Schnelligkeit, mit welcher die Ereignisse in ganz durchkreuzendem Sinne aufeinander folgen, und die Unmöglichkeit, etwas Großes und Dauerhaftes zu Stande zu bringen, was man nicht einmal mehr die Zeit hat zu erfinden, zu fassen, zu durchdenken.

*

Sowie Epaminondas bei Mantinea, starb Ralph Abercromby*) als Sieger am Fuße der ägyptischen Pyramiden.

*

Ludwig XIV. nahm das Recht des Stärkeren zur Grundlage seiner Politik. Friedrich der Große befolgte dessen System, und die un=

---

*) Sir Ralph Abercromby, englischer General, geb. 1734. Erfocht am 21. März 1801 einen glänzenden Sieg über die Franzosen unter Menou, starb aber bereits am 28. an seinen Wunden.

moralische Theilung von Polen wurde in eben diesem Sinne ausgesprochen.

*

Seitdem die französische Revolution alle Schranken des Rechtes zwischen Staaten durchbrochen und solche Mittel allgemein geltend gemacht hat, die selbst dem Kleinsten Aussicht gewähren, sich auf Unkosten Anderer zu vergrößern, dünkt sich Jeder nur so viel werth als er besitzt.

*

Der Geist, welcher den Werth einer Regierung nach ihrer physischen Kraft bemißt, hat zur Folge, daß die Staatenbeherrscher ausschließlich nach Erweiterung ihres Gebietes streben. Diesen opfern sie das Glück ihrer alten Besitzungen, sowie jenes der neuen auf, welche sie an sich reißen.

Sie bereiten sich dadurch den eigenen Untergang, indem sie ihre Länder in der Art vergrößern, daß es außer ihrer Macht steht, sie glücklich zu machen, und den Unterthanen ein Beispiel geben, welches diese gelegentlich auf

ihre Verhältnisse gegen ihre Regierungen übertragen können.

*

Die Natur scheint dem Menschen ein Maximum von Kraft bestimmt zu haben, welches
sich aus der Summe seiner physischen und moralischen Kräfte zusammensetzt.

Die reichlichere Betheilung mit einem von
beiden wird stets durch Mangel an der anderen
wieder ersetzt.

Die berühmtesten Feldherren waren alle
von kleiner Statur, ja sehr oft von schwäch-
lichem, gebrechlichem Körperbau.

*

Die letzten Jahre des 18. und die ersten
des 19. Jahrhunderts führen wieder eine jener
merkwürdigen Epochen in der Geschichte herbei,
welche eine gänzliche Veränderung in allen Verhältnissen der Menschheit hervorbringen.

Ob es zu ihrem Glücke sein wird, kann
nur die Folge lehren; aber sicher ist das Unglück Jener, welche sich im Mannesalter wäh-

rend der Zeit der Reibung befinden, die einem solchen Resultate vorausgeht.

*

Der Geist der Zeit gleicht einem mächtigen Strome; man darf ihm weder voreilen, noch hinter ihm zurückbleiben. Die Menschen vermögen weder seinen Lauf umzuwenden noch aufzuhalten; aber durch Dämme, welche an seinen Ufern angebracht werden, können sie ihm nützliche Wendungen geben oder ihn unschädlich machen.

Was frommte Cäsar's Tod der römischen Freiheit, da das Volk zu verdorben war, um selbe zu ertragen?

Was Cäsar vollbracht hatte, mußte neuerdings begonnen und durch blutige Bürgerkriege, eine fortwährende Tyrannei unter dem Joche verächtlicherer Menschen als er war, erkauft werden.

*

In vielen Fällen kann Charakter, der zum Handeln bestimmt, die Wissenschaft ersetzen, welche blos Einsicht hervorbringt; die unthätige Wissenschaft aber nie den wirkenden Charakter.

Entschlossenheit mit Wissenschaft gepaart, sichern vor Mißgriffen und führen zum Ziele. Chamilly und Balbo waren zwei Cavallerie-Officiere, unwissend im Geniefache. Ihre Vertheidigung von Grave (de Graaf) und Mastricht gehören jedoch zu den glänzendsten in der Geschichte.

Wie behaupteten die Türken in den Jahren 1788 und 1789 die unbedeutenden Schlösser von Dubicza und Czettin, wie Palafox das unbefestigte Saragossa?

Unwissenheit und Eigenliebe verleiten die Menschen, alle Ereignisse, welche ihnen unerwartet oder verderblich sind, außerordentlichen Ursachen zuzuschreiben; daher mußte bei ungebildeten Heeren der Verrath stets die Schuld ihrer Niederlage tragen.

II.

Die Lehren von Sokrates und Confucius nähern sich am meisten den christlichen; doch wie hoch stehen wir nicht über ihnen, da wir eine von Gott kommende Gewißheit für das haben, was bei ihnen nur menschliche Vermuthung war, und bestimmt wissen, was sie blos ahnten.

*

Als man Jesus eine Ehebrecherin vorführte, um sie nach dem Gesetze zu bestrafen, forderte er jeden der Anwesenden, welcher sich keiner Schuld bewußt sei, auf, ihr den Stein zuzuwerfen. Keiner that es — sie entfernten sich Alle, und Jesus verzieh dem Weibe seine Sünde.

*

Der Unterdrückte und Verlachte predigt immer Toleranz; aber gebt ihm die Macht, so unterdrückt er auch.

Selbst die Sectirer und Sonderlinge in der Religion und Politik sowie im gemeinen Leben überschätzen sich immer, achten Andere geringer als sich und wollen sie zu ihrer Weise bekehren.

Die Intoleranz ist ein Erbübel der Roh= heit und eine Quelle ewiger Rückwirkungen.

✻

Der aus Grundsatz Tugendhafte erwartet seinen Lohn im künftigen Leben und findet ihn in diesem in dem Selbstbewußtsein. Er betrachtet den Dank der Menschen blos als eine Zugabe, als eine Verzierung — daher ihn ihr Undank weder niederdrückt noch von dem vorgesetzten Pfad abwendet.

✻

Wer hat nicht in seinem Leben mit dem eigenen Gewissen capitulirt? Es ist der erste Schritt zum Bösen, wenn man sein noch unverdorbenes Gefühl durch Trugschlüsse zum Schweigen bringen will.

*

In Augustinus vernehmen wir einen der größten Kirchenlehrer. Aus eigener Erfahrung mit dem Laster und der Verderbtheit sowie mit den Mitteln sie zu überwinden bekannt, vermochte keiner mehr als er die Menschen vor selben zu warnen und die Gefallenen zu retten.

*

Eitelkeit verbunden mit reizbaren Nerven erzeugen Religionsschwärmer. Schwäche, Charakterlosigkeit und Mangel an Thatkraft verschafft ihnen Anhang, weil viel weniger Anstrengung erfordert wird, sich mit Abstractionen herumzutreiben als eine Ueberzeugung bestimmt aufzufassen und fortwährend nach selber zu handeln. Es ist leichter, Alles ausschließlich einer höheren Fügung zuzuschreiben und zu überlassen, um ungestört im Schlummer fortzuwandeln, als die Vergangenheit zu prüfen, um zu erkennen, wodurch wir uns Unfälle zugezogen haben, und diese zu vermeiden, indem man die Gegenwart würdigt und für die Zukunft vorarbeitet. Die beste Widerlegung der Schwärmer liefert uns das Evangelium. Der Erlöser stellt nur wenige Glaubensartikel auf, ohne sich in ihre Auslegung oder Auseinandersetzung einzulassen, alles Uebrige seiner Lehre ist blos praktisch, umfassend in ihrem ganzen Umfange die Vergangenheit, die Gegenwart, die Zukunft des Menschen.

Er eifert gegen Jene, welche sich ein Geschäft daraus machen, die Wahrheiten und Vorschriften der Religion zu bekennen, aber dabei die Liebe des Nächsten nicht üben, und zieht ihnen den Fremdling vor, der, weniger bekannt mit ersteren, dem Nebenmenschen Gutes thut.

Er schließt die vom Himmelreiche aus, welche blos zu ihm beten, und bestimmt es für Jene, welche handelnd seine Lehre befolgen.

III.

Oberflächlichkeit erzeugt Unentschlossenheit. Der Unwissende folgt gewöhnlich dem ersten Eindruck. Der Halbgelehrte sieht zwar seine Lage, schwankt aber zwischen mehreren Entschlüssen, weil er die besondere Wesenheit eines jeden nicht unterscheidet.

Der gründliche Mann handelt bestimmt durch die zuversichtliche Ueberzeugung von der Wahrheit seiner Ansicht.

*

Die Menschen werden durch Erziehung zu Pedanten gebildet, weil man ihnen blos Resultate fremder Forschungen eingeprägt und höchstens nur den Vordersatz bekannt macht, aus welchem jene hergeleitet sind. Nur selten wird ein Mensch verhalten, sich durch eigenes

Nachdenken die Resultate selbst zu suchen und ferneres Wissen anzueignen.

*

Einseitigkeit ist der größte Fehler unserer Erziehung.

Einer will blos den Verstand bilden und achtet das Herz nicht. Aus dieser Schule gehen die Egoisten hervor.

Ein Anderer pflegt einzig das Gemüth und erzieht einen süßlichen Empfinder oder einen rohen Kraftmann.

Beide stehen mit der Menschheit im ewigen Widerspruch. Nur die vereinte Entwicklung der vielfältigen, stets auf einander wirkenden Anlagen gibt uns Menschen von Geist und Würde.

Es ist eine herrschende Schwäche der Lehrer, die Vollendung des Schülers darin zu suchen, daß sie sich und ihre Lehre in diesem wiederfinden. Daher die selige Zufriedenheit, wenn er nur den Buchstaben wiedergibt, der ihm vorgetragen wurde.

Verhalten zur Selbstthätigkeit ist eine Grundlehre der Erziehung. Wer immer nur lernt und nie erfindet, bleibt ewig ein schlaffes Werkzeug in der Hand eines Andern.

※

Es gibt eine Ueberladung des Verstandes durch zu viele Ideen, gleich jener des Magens durch den Uebergenuß von Speisen. Auf beide folgt Unverdaulichkeit — unreine, unreife Producte; beide hindern die Erzeugung kräftiger Säfte und jener bestimmten klaren Begriffe, welche allein zu Entschluß und durch Handlung zum Ziele führen.

Daher sagten die Griechen mit Recht: »Ein großes Buch ist ein großes Uebel«, und ein heiliger Schriftsteller: »Timeo hominem unius libri.«

IV.

Fordere von dir und von Anderen die Erfüllung der Pflichten mit Ernst; aber sei milde im Urtheil über die Fehler des Nächsten. Würdige streng und wahrhaft deine eigenen Handlungen, aber werde nicht muthlos.

Dies ist die wahre Lebensregel im Geiste des Christenthums. Wer nur seine Schwächen ergründet und sich nicht mehr vertraut, wird ein nutzloser Träumer oder ein heilloser Taugenichts.

⁂

Nichts ist schädlicher als auf halbem Wege stehen zu bleiben oder wohl gar umzukehren. Das Wenigste, was man dabei verliert, ist die umsonst verwendete Anstrengung und die nicht mehr hereinzubringende Zeit.

Man prüfe daher, bevor man einen Rath ertheilt, genau, ob der Berathene ihn auch vollkommen auszuführen vermag. Man kann den schwächsten Menschen, eben wegen seiner Schwäche, zu jedem, also auch zu dem kräftigsten Entschluß bestimmen; er wird sogar den ersten Schritt zu dessen Bethätigung vollbringen, nicht aber die weiteren. Dann hat man ihm mehr geschadet als durch die Anleitung auf einem Wege, der vielleicht in der Theorie weniger gut als ersterer, doch in der Praxis vorzuziehen ist, weil er zu einem Resultate führt.

※

Im gewöhnlichen Leben schätzt man den Verstand eines Menschen blos nach dem Umfang seiner Kenntnisse und der Mannigfaltigkeit seiner Ansichten; doch ist dies nur ein Beweis für die Reichhaltigkeit der Phantasie oder die Güte des Gedächtnisses, keineswegs für die Denkkraft.

Oft befindet sich unter so zahlreichen Ideen nicht eine gründliche und praktische, und wenn sie sich fände, so ist sie dem Vielwisser unnütz, der sie nicht herausfindet und sich nicht an sie hält.

Der Mann allein verdient den Namen eines Weisen und ist wahrhaft brauchbar, der über ein Object nur eine, aber gerade die wahre Ansicht hat.

Erkenne deine Bestimmung und deine Kraft, prüfe und ordne ohne Stolz und ohne Gram deine Handlungen darnach und gedenke bei dem Urtheil über Andere deiner eigenen Schwäche, so bist du auf dem wahren Wege zur Tugend.

Dixi et salvavi animam meam gilt nur dort, wo es entweder eine platte Unmöglichkeit war zu handeln, oder wo man dadurch noch mehr geschadet hätte. Meistens dient dieser Spruch blos zur Beschönigung der Schwäche oder der Unthätigkeit.

Wie unbillig sind die meisten Menschen. Mit sich selbst nicht im Reinen, sich selbst nicht

verstehend, wollen sie doch von Anderen ver=
standen werden.

*

Wenige Menschen sind selbstständig genug,
um ihren eigenen Weg zu gehen. Die Eitelkeit
verleitet sie nachzuahmen, was Erfolg und
Beifall hat, ohne zu prüfen, ob ihre Natur
der gewählten Rolle zusage. So verunglücken
Tausende, die sonst zu etwas Tüchtigem An=
lage hatten.

*

Charakter ist seltener als Verstand. Daher
findet man mehr Menschen, welche das Wahre
zwar richtig auffassen, weniger jedoch, welche
nach einer solchen Einsicht handeln, und noch
weniger, welche auf dem begonnenen Wege
bis zu Ende oder bis zur Erreichung bedeuten=
der Resultate fortfahren und dadurch den
Namen großer Männer verdienen.

Wie wenige Menschen wollen im ganzen
Umfange des Wortes. Die meisten gleichen

den Scheintapfern, welche nur so lange Muth
haben, bis es gilt.

Kein Mensch widersteht der Schmeichelei,
wenn sie, auf die Kenntniß seines Charakters
gegründet, dessen schwache Seite in Anspruch
nimmt. Als Cäsar's Soldaten ihn während
seines Triumphes »calvus moechus« betitelten,
beleidigte ihn zweifelsohne der erste Beiname
mehr als der zweite.

Man buhlte mehr um den Ruhm eines
auriga und eines Saitenspielers als um den
eines Imperators.

*

Wer sich von der Welt isolirt, wird
meistens intolerant. Er gleicht dem Manne,
welcher ruhig vom Ufer das Benehmen des=
jenigen beurtheilt, der das Steuerruder eines
durch Wind und Wellen herumgeworfenen
Schiffes leitet.

*

Herrschsucht und Geiz sind Leidenschaften,
welche nach Maß ihrer Befriedigung fort=

während zunehmen und am schwersten aufzuhalten und zu heilen sind, weil ihnen nicht sobald der Ekel entgegenkommt.

*

Oft hindert Eigenliebe die Benutzung gemachter Erfahrungen und wir wiederholen die nämlichen Mißgriffe, weil wir uns die eigenen nicht eingestehen, uns zu sehr über andere Menschen erhaben dünken und nur vor den Fehlern hüten, durch welche jene fielen.

*

Witz ist Flitter — Verstand echtes Gold.

*

Es ist viel leichter, folglich viel gewöhnlicher, nach großen Ansichten einzelne Thaten auszuführen, als selbe zum fortwährenden Maßstabe seines Benehmens anzunehmen und ununterbrochen zu befolgen.

Erstere entstehen aus der Begeisterung des Augenblicks und finden ihren Lohn in der Bewunderung, welche die Mehrzahl der unerwarteten und Staunen erregenden That zollt.

Aber um wie viel mühsamer ist nicht eine fortwährende Anstrengung und wie wenig schätzen die Menschen das, was ihnen täglich unter der nämlichen Gestalt erscheint.

Man beklatscht den leichten Springer und läßt den Mann unbemerkt, der mit festen, gleichen Schritten fortwandelt.

Vielleicht wäre Curtius nicht in den Abgrund gesprungen, hätte ihm nicht ganz Rom zugesehen.

*

Es gibt in der menschlichen Natur Probleme, welche jenem der Quadratur des Cirkels gleichen. Wir kennen ihr Resultat, vermögen es aber eben so wenig als die Procedur, um selbes zu erhalten, in einer ordentlichen Formel darzustellen.

*

Weil es unbedingt nur eine Wahrheit gibt, so ist das Wahre immer das Einfachste, der Weg dazu immer der kürzeste.

Doch findet man beide nur selten; denn die Wahrheit hat blos für den Unbefangenen einen Reiz; nur der kalte Denker läßt sich weder durch die Leidenschaft noch durch seine

Phantasie irreführen; der Entschlossene allein weiß sich zwischen selben den Weg zu bahnen.

Daher verkennt die Mehrzahl die Wahrheit; Andere entdecken zwar augenblicklich den Leuchtthurm, werden aber durch die Wellen davon weggeworfen; viele erschöpfen sich in einem Labyrinthe auf langen und krummen Wegen, weil es ihnen an Muth fehlt, jene Hindernisse wegzuräumen, die auf dem kürzeren Wege liegen; oder sie wollen durch eine Umgehung die Spitze des Berges gewinnen, welche zu erklimmen ihnen zu beschwerlich scheint.

*

Der Pedant, welcher alle Menschen nach einer und der nämlichen Abstraction führen will, gleicht einem Gärtner, der alle seine Gemüse gleich behandelt. Immer sind solche Versuche mißlungen, und doch gibt es heutzutage noch Viele, die von einer so falschen Ansicht nicht zurückgekommen sind.

*

Ein Pedant hält sich nicht an den Geist, wohl aber an den Buchstaben einer Lehre.

Ihm ist jede Regel ein Axiom, ein in sich vollendetes Abstract. Er flieht ihren Geist, um den Buchstaben nicht zu verletzen.

*

Es ist ein Widerspruch, Beleidigungen durch Beleidigungen zu rächen. Man findet sich nämlich durch das Erkenntniß des Strafbaren einer Handlung veranlaßt, eine ähnliche zu begehen und sich durch selbe ebenfalls herabzuwürdigen.

Die wahre Rache liegt darin, Großmuth gegen den Beleidiger zu üben, denn dadurch erhebt man sich weit über ihn, findet Befriedigung und Beruhigung.

*

Der Cyniker*), welcher mit der Laterne den (einen) Menschen suchte, war nichts als ein stolzer Geck, der von den Menschen gesucht werden wollte.

---

*) Diogenes.

Sokrates war der weisere, der in dem Menschen das Menschliche überall suchte und fand.

*

Pilatus ist das Bild eines schwachen Menschen. Er fragte Christum, was die Wahrheit sei, erwartete aber nicht die Antwort. Er fand ihn schuldlos, überlieferte ihn aber doch dem Tode, weil Andere ihn tödten wollten. Er wusch sich die Hände und erklärte sich für unschuldig an diesem Verbrechen, weil das Todesurtheil nicht zuerst unmittelbar aus seinem Munde gekommen war.

Die wahre Größe zeigt sich auf dem Todtenbette, wo nichts Aeußeres, sondern blos das Gefühl des inneren Werthes unseren Muth zu stimmen vermag. Hier erscheinen wir als Helden der Tugend und des Glaubens.

*

Gefühl und kalte Berechnung, ohne höhere Prüfung und Leitung, führen gleich weit ab vom Wege der Wahrheit und Tugend.

Jenes macht den Phantasten, diese den frostigen Egoisten.

*

Wie wenig Menschen sind mit sich selbst im Reinen und wissen, was sie eigentlich wollen. Daher hat jener, der einen bestimmten Plan annimmt und ihn fortwährend verfolgt, ein so entschiedenes Uebergewicht über die Mehrzahl.

*

Laßt jedem Menschen sein Steckenpferd, sonst greift er nach dem eurigen.

*

Pilatus fragte den Herrn, was die Wahrheit sei, erwartete jedoch seine Antwort nicht. So sind die meisten Menschen. Sie suchen sich selbst und Andere glauben zu machen, daß sie nach Wahrheit streben — doch ist es bloße Täuschung, ihr Bestreben nicht ernstlich und ihr Wunsch blos jener eines Augenblicks: sonst würden sie sowohl in den Gefühlen ihres Innersten als in fremden Erfahrungen leicht genug den richtigen Weg finden und nicht so häufig im Finstern und in der Ungewißheit herumirren.

*

Das wirksame Leben eines kräftigen Mannes zerfällt in drei Epochen:

1. Aus der Erziehung tritt er in die Welt mit überspannten Begriffen und einem unbezähmten Drang nach Thätigkeit.

Er findet Andere im Besitze der Kraft sowie der Mittel diesen zu befriedigen, und muß daher, will er sein Ziel erreichen, um deren Gunst und Beifall buhlen, seine Meinungen den ihrigen unterwerfen, sein Benehmen nach ihnen richten. Es ist die Art, durch welche jeder Mensch gezwungen wird, sich den Eingang seiner Laufbahn zu eröffnen.

Doch wird

2. auch mit den ersten Schritten auf selber die Befreiung von einem solchen Joche noch nicht erkauft. Er muß es forttragen, bis er sich

3. zu einem höheren Standpunkte erhob. Hat er bis dahin etwas geleistet und Erfahrungen sowie Kenntnisse hinreichend gesammelt, um die Richtigkeit seiner Ansichten und

47

Beschlüsse zu verbürgen, so ist die Möglichkeit gekommen selbstständig zu sein, und es können alle seine Handlungen blos von ihm ausgehen und ausschließlich durch die eigene Ueberzeugung bestimmt werden. Dann triumphirt er im lohnenden Selbstgefühl der Kraft, die anderen Menschen mögen durch selbe fortgerissen werden ihm zu folgen, oder an den Versuchen scheitern, ihn von der eingeschlagenen Bahn abzuwenden.

*

Am Ende eines langen Briefes entschuldigt sich Plinius bei seinem Freunde, daß er sich nicht kürzer gefaßt habe, dadurch, daß es ihm an Zeit gebrach.

Beim ersten Anblicke zeigt sich uns jeder Gegenstand unter vielen mannigfaltigen Seiten.

Es bedarf eines längeren, ruhigen Nach= denkens, um unter ihnen allen die ausschließ= lich charakteristische zu entdecken, aufzufassen und zugleich aufs bündigste und deutlichste vorzutragen.

*

Jeder Stand, selbst der niedrigste, findet seinen Schmeichler.

»Suum cuique decus posteritas rependit,« sagt Tacitus.*)

*

Quintilianus schreibt: »Poetus est quod disertos facit.« Nur die Beredtsamkeit, welche aus dem Herzen ausgeht, vermag wieder das Herz zu gewinnen. Reden, in welchen blos der Verstand spricht, können zwar überzeugen oder augenblicklich täuschen und verführen, doch verfliegt ein solcher Eindruck ebenso schnell. Weil sie das Gefühl nicht ansprechen, sind sie kein Mittel, die Menschen dauerhaft an uns und an unsere Sache zu knüpfen. Zwei herzliche Worte waren jederzeit von größerer Wirkung als die regelmäßigsten Erzeugnisse der bloßen Redekunst.

*) Agricola, 4, 35.

V.

Es gibt nichts Herrlicheres in der Mensch=
heit als einen Freund, diesen Stab des Wan=
dernden. Selten vermißt man ihn auf ebenem
Pfad; aber nach dem Maße als dieser sich
erhebt und schlüpfrig wird, vermindert sich die
Zahl derer, welche hinreichenden Willen und
Kraft haben, um Mühe und Gefahren mit
uns zu theilen. Am Ende finden wir uns oft
ganz allein dort, wo wir des Raths und der
Hilfe am meisten benöthigen.

*

Viele haben blos deswegen keine Freunde,
weil ihr Herz unfähig ist, die Gefühle der
Freundschaft mit gleichen zu erwidern.

*

Die Liebe ist die heftigste aller Leiden=
schaften, weil sie zugleich alle moralischen und
physischen Gefühle des Menschen in Anspruch
nimmt.

*

Gemeine Seelen hassen den Mann, der
ihnen durch ein Uebermaß von Wohlthaten
das kränkende Gefühl einer Ueberlegenheit
aufdringt, zu welcher sie sich durch ihren Dank
keineswegs zu erheben vermögen.

*

Fast immer haßt man die Gefürchteten.
Es ist das Meisterstück des Vorgesetzten, seinen
Untergebenen Furcht und Liebe zugleich einzu=
flößen und sie durch beide Gefühle zugleich
zu leiten.

VI.

Alle Weiber, welche regierten, waren groß — sonst hätten sie sich weder auf den Thron geschwungen noch auf selbem erhalten; aber alle waren lasterhaft, als sie sich frei den Leidenschaften überlassen konnten, welche bei ihrem Geschlecht am meisten Reiz erregen, und die sie in ihrer Jugend nicht gelehrt wurden selbst zu bezähmen.

Nur Maria Theresia allein verband die Größe mit der Tugend und erhob sich daher über alle ihres Gleichen.

*

Ein zu oft wiederholter Gemeinplatz lehrt uns, daß man durch die Gesellschaft der Weiber gebildet wird; doch lernt man in selber nur unnütze Tändeleien, deren geringer innerer

Gehalt blos augenblickliche Leidenschaften erregt und höchstens den Witz schärft. In dem Umgang mit Männern hingegen, bei welchen mehr Kraft und Unbefangenheit herrscht, erhält der Charakter durch die stärkere Reibung eine Form, und der Verstand die wahre Richtung durch die Discussion.

Leichtsinn, Leidenschaft und Witz führen meist auf Abwege — Charakter und Verstand zum Ziel.

*

Eitelkeit der Weiber und Ehrgeiz der Männer stehen, moralisch betrachtet, ziemlich auf der gleichen Stufe. Beide sind nothwendige Sporne der Thätigkeit; die Richtung, welche sie durch Erziehung erhalten, stempelt sie erst zu Hebeln des Guten und des Bösen.

*

Als Cleopatra's Reize keine Wirkung mehr hervorbrachten, entleibte sich die Buhlerin. Viele unserer Weiber würden diesem Beispiele folgen, fänden sie nicht ihre Entschädigung in der Klatscherei.

*

Wir hätten mehr tugendhafte Weiber, setzten wir selbst einen größeren Werth auf ihre Tugend; denn des Weibes Triumph bleibt immer der Beifall des Mannes.

*

Wenn die Coquetterie der Weiber sowie der Pedantismus der Männer mehr durch äußere Formen als durch inneren Gehalt zu gefallen sucht, so unterscheiden sie sich doch darin, daß die Coquette die Betrügerin, der Pedant der Betrogene, der Selbstbetrüger ist.

Die Coquette weiß, daß ihre Schwänke keinen inneren Werth haben, aber sie will Effect machen; der Pedant glaubt wirklich die Wahrheit zu umarmen, wenn er nach einem Schatten greift.

VII.

Epaminondas und Friedrich der Große siegten beide durch das Princip der Oblique; aber wie verschieden war dessen Anwendung vor und nach der Erfindung des Feuergewehres.

*

Im Kriege sieget der, welcher in kürzester Zeit die größte Masse von Kräften auf dem entscheidenden Punkte vereinigt und am nach= drücklichsten verwendet; so auch in allen Ge= schäften — im Rathe, auf der Kanzel, auf dem Schlachtfelde. Von welcher Natur die Kraft sei, welche man verwendet, immer gilt das nämliche Gesetz. — Nur ungetheilt wirkt eine Kraft mit ganzem Erfolge — also nur unter einfachen Verhältnissen. In dem Jahrhundert, wo die Verwicklung über die Einfachheit herrscht,

muß folglich die Schwäche an der Tagesord=
nung sein.

Zu den vorzüglichen Ursachen des Unglücks
der napoleonischen Waffen in Spanien gehört
die Vertheilung seiner Streitkräfte in mehrere
selbstständige Armeen unter unabhängigen Feld=
herren.

*

Napoleon vermehrte die Armeen über=
mäßig, weil er zugleich die Welt umfassen,
unterwerfen und unter dem Joche erhalten
wollte; und seine Gegner*), weil sie nur durch
eine große Mehrzahl der Ueberlegenheit seines
Genies Meister werden konnten.

*

Es ist ein Denkmal der Soldatenspielerei,
daß wir bei der Infanterie die größten Männer
in das erste und die kleinsten in das zweite
Glied stellen. Viel zweckmäßiger wäre es, die
größeren dorthin zu stellen, wo über die vor=
deren weggeschossen und nach ihnen der Schritt
gerichtet werden soll.

*

*) scil. vermehrten dieselben.

Es gibt scientifische Akademien für jede Wissenschaft, nur nicht für jene des Krieges,*) welche doch die umfassendste von allen ist. Unter der Leitung des angesehensten und erfahrensten Feldherrn des Staates sollte man aus kenntnißvollen und zugleich geprüften Kriegsmännern eine Akademie bilden mit der Bestimmung:

1. Auszüge und gedrängte Ueberfichten der bestehenden militärischen Werke zu verfassen, um den Officieren die Kenntniß von Allem, was Zweckmäßiges im Kriegsfache erschienen ist, möglich zu machen und sie dadurch zu entheben, mit unerschwinglichen Kosten Bücher anschaffen und die Zeit verlieren zu müssen, aus deren großen Zahl das wahrhaft Nützliche herauszuziehen.

2. Diese Arbeit auf alle derlei neu erscheinenden Werke fortzusetzen.

3. Alle neuen Erfindungen im Kriegsfache zu prüfen und zu beurtheilen.

*) Diese Idee hat, wenn auch in anderer, den Zeitverhältnissen entsprechender Weise, gegenwärtig schon ihre Verwirklichung gefunden.

4. Jährliche Belohnungen für die vorzüglichsten Erfindungen sowohl als für schriftstellerische Producte in dem Kriegsfache zu vertheilen. Der Belohnung gewürdigte Aufsätze würden in die Acten der Akademie aufgenommen und mit selben bekannt gemacht.

Ein solcher Verein, der nach Maß seiner Dauer an Thätigkeit zunehmen müßte, könnte allein die Vorbereitungen sowie die Fortschritte der militärischen Wissenschaften auf eine Art befördern und erleichtern, welche die Kräfte einzelner Menschen so sehr übersteigt, daß man sich selbst von ihrer größten Anstrengung nie ein solches Resultat erwarten darf.

*

Sowie Pompeius bei Dyrrhachium, hatte Moreau in dem Winter von 1796 in Kehl eine dem Gegner überlegene Truppenzahl und Ueberfluß an Kriegsbedürfnissen, deren Zufuhr ihm nicht abgeschnitten werden konnte. Gleich dem römischen Feldherrn begnügte er sich, seinen Befestigungen eine große Ausdehnung zu geben, um den Feind zu einer noch größeren zu zwingen, und beschränkte sich auf den Ver=

theidigungskrieg. Cäsar's Beispiel befolgend, umschlossen ihn die Oesterreicher mit einer doppelten Linie von Schanzen, welche sie dort, wo es nöthig war, unter sich verbanden, und kamen durch Ausdauer sowie durch methodisches Fortschreiten zum Zweck. Nicht so Massena, als er unter ähnlichen Verhältnissen Wellington's Stellung von Torres vedras gegenüber-stand.

*

Tacitus sagt: »Jene Armee ist im Gefecht die tapferste, welche vor selbem die ruhigste war«*) — und bezeichnet durch diesen tiefen und wahren Gedanken so treffend den Nutzen von Ordnung und Mannszucht sowie den Geist des Vertrauens und der Ergebung in seine Pflicht und in den Willen des Feldherrn, welcher durch selbe dem Soldaten eingeflößt wird.

*

Den Mann, der etwas Auffallendes unter-nimmt, lohnt der Beifall der Mehrzahl, während

---

*) Fortissimus in ipso discrimine exercitus, qui ante discrimen quietissimus.

man den Namen deſſen überſieht, der ſeine Be=
rufspflichten ſtreng erfüllt. Daher gehört viel
Charakter dazu, um die Schranken des Platzes,
auf welchem man ſich befindet, nicht zu über=
ſchreiten, wenn man die Fähigkeit in ſich fühlt,
einem Höheren vorzuſtehen.

Dieſen Charakter ſoll die Mannszucht
einflößen oder wenigſtens in der Wirkung
erſetzen.

⁑

Bei Durchleſung von Macchiavelli's Werk
über das Kriegsweſen überzeugt man ſich, wie
richtig und tief der Florentiner dachte. Die
von ihm aufgeſtellten Sätze über die Art, die
Kriege anzuſehen, vorzubereiten und zu führen,
paſſen vollkommen auf alle Zeiten. Sie werden
auch fernerhin auf jede paſſen, weil ſie ſich
auf eine wohlberechnete Zuſammenſtellung der
gegenſeitigen Kräfte und Verhältniſſe gründen,
d. i. weil ſie aus der Natur der Sache ſelbſt
geſchöpft ſind.

∗

Meiſterlich bezeichnet Tacitus die eigen=
thümliche Gewalt der Mannszucht, indem er

jagt: »Id tantum disciplinae militari conces-
sum, plus reponere in duce quam in exercitu.«[*])

*

Tacitus ist mein Lieblingsschriftsteller,
weil seine Werke vor allen anderen die meiste
Wahrheit und tiefe Gedanken enthalten. In
seinem Leben des Agricola ist das Bild einer
desorganisirten Armee so getreu abgezeichnet,
daß ich es nur abzuschreiben brauche, um auf
das genaueste den Stand der österreichischen
Armee darzustellen, wie ich sie im Jahre 1797
am Tagliamento fand.

*

Die Artillerie eröffnet bedeutende Gefechte
sowie die Schlachten; dieselben werden durch
die Infanterie bestanden und manchmal durch
die Cavallerie entschieden, welche jedoch meistens
ihr Resultat vergrößert. Die Zahl und der
Werth letzterer Waffe nimmt in dem Maße
ab, als die Civilisation zunimmt. Eine bessere
Cultur vermindert die unbebauten Ländereien

---

*) Tacitus: Germania, 30.

und besetzt offene Strecken mit Gegenständen, welche sie für Cavallerie unzugänglich und für Pferdezucht unbrauchbar machen. In jedem der letzteren aufeinander gefolgten Kriege wurde stets die Zahl der Cavallerie gegen jene der Infanterie vermindert.

Was man sonst den ausgezeichneten Bataillons kaum zutraute, leisten nun selbst mittelmäßige, indem sie isolirt in der Ebene einer zahlreichen Cavallerie trotzen, welche durch die Beschränkung ihres Gebrauches von ihrem stolzen Selbstgefühl, folglich von ihrem inneren Werthe verloren hat.

*

Bonaparte und Wellington zeigten sich dadurch als Feldherren erster Größe, daß sie in ihren Entwürfen den wahren Gesichtspunkt auffaßten und auf verschiedenen Wegen zwar, aber beharrlich verfolgten.

Mit kühnem Ungestüme, Alles wagend, ergriff der Franzose immer den kürzesten, mit kalter Berechnung ging der Engländer den sichersten, selbst wenn er länger war.

Zur Vernichtung des Gegners hat sich Bonaparte oft der eigenen ausgesetzt; Wellington suchte jene nicht und begab sich nie freiwillig in die Gefahr, gänzlich zu unterliegen.

*

Der Römer, welcher in den Kriegsstand eintrat, leistete blos den Eid des Gehorsams seinem Vorgesetzten, weil der Begriff der militärischen Zucht den jeder anderen Tugend des Soldaten in sich faßt.

*

Die Vorurtheile, welche die Armeen und das Zeitalter beherrschen, sind nicht selten für den Augenblick unbesiegbar. Sie müssen daher von dem Feldherrn bei seinen Entwürfen, und von seinem Geschichtsschreiber bei Beurtheilung derselben in Rechnung gebracht werden.

Solche Vorurtheile auszurotten, reicht die ausgesprochene Ueberzeugung des obersten Feldherrn ebenso wenig hin als seine Befehle. Er vermag nicht jeden Punkt seiner Schlachtlinie selbst zu übersehen und zu leiten; und die

Unterfeldherren, welchen er blos seine Absicht eröffnen kann, die Art aber selbe zu erreichen überlassen muß, wenden hier stets das wieder an, was sie von ihren Vorgängern hörten und üben sahen.

Bei den Oesterreichern herrschte seit längerer Zeit ein panischer Schrecken vor dem Angriff der Cavallerie und der Wahn, daß ihm die Infanterie nicht zu widerstehen vermöge. Er wurde zwar auf den Feldern von Aspern glänzend besiegt, jedoch nur durch das Zusammentreffen vieler begünstigender Umstände. Wenige in der Armee zogen mit der ihnen von ihrem Feldherrn so oft wiederholten Ueberzeugung ins Feld, daß es ein bloßes Vorurtheil sei; wenige mit dem festen Glauben an die Zweckmäßigkeit der Anordnungen, welche er nach dem ausgesprochenen Grundsatze getroffen hatte.

✳

Die Flanken sind der unthätige, also schwächste Theil der Schlachtlinie, dessen Ueberwältigung den Verlust der Schlacht nach sich zieht. Ihre Sicherheit muß folglich der In=

fanterie als jener Truppe anvertraut werden, welche unter allen Verhältnissen den längsten und hartnäckigsten Widerstand zu leisten vermag.

*

Bei den alten Griechen bildete die ganze Infanterie in der Phalanx einen in sich ge=schlossenen Körper. Die Cavallerie, welche da=mals noch in der Kindheit war, diente blos zum kleinen Kriege. Wurde ein Gefecht ernster, so zog sie sich zurück, mußte aber stets ihre Richtung gegen die Flügel der Phalanx nehmen, weil ihr diese (in der Front) keine Intervalle zum Durchbrechen darbot.

Es berechtigt der größere Grad von Voll=kommenheit, den die Cavallerie erreicht hat, mehr von ihr zu fordern und sie auf eine entscheidende Art zu gebrauchen. Wo die Be=schaffenheit des Terrains ihr nicht ausschließlich eine einzige Strecke zu ihrer Verwendung frei=läßt, steht sie am besten vereint hinter der Mitte der Infanterie. Von dort kann sie, ihren einzigen Vorzug, die Schnelligkeit, benützend in der kürzesten Zeit auf jedem Punkte hervor=brechen, wo ihr der Feind einige Blöße gibt, und ihn erreichen, ehe sich dieser in Verfassung setzt, ihr zu widerstehen. Ihre Masse wird ihr ein Uebergewicht gewähren, das nicht selten den Gewinn von Schlachten nach sich zieht.

*

Es gibt nur zwei Arten, eine Gegend mit Wahrscheinlichkeit des Erfolges zu behaupten, und zwar:

1. Die Aufstellung auf einem Punkte, an dem der Feind nicht ungestraft vorbeigehen kann, und welcher entweder von Natur fest ist oder durch Kunst dazu gemacht werden kann.

2. Versammlung aller Streitkräfte auf einem Centralpunkte, um dem anrückenden Feinde entgegenzugehen und ihn vorzüglich dann anzugreifen, wenn er Blößen gibt oder durch die Natur des Terrains gezwungen wird, seine Macht zu theilen.

Eine dritte Art, nämlich die Vertheilung aller Truppen auf der ganzen zu vertheidigenden Linie, ist nur nachtheilig. Sie fordert einen größeren Aufwand, ohne daß man darum jedem Posten Kraft genug zu dessen Behauptung geben kann, und benimmt im Unglücksfalle jedes Mittel zu fernerem Widerstande. Ist ein solcher Cordon gesprengt, so gibt es nichts, was den Feind mehr aufhalten und uns die Möglichkeit zur Wiederversammlung der Truppen gewähren kann.

Eine vereinte Armee hingegen leidet selten eine so große Niederlage, daß sie außer Stand kommt, einen ehrenvollen Rückzug zu machen und dem Gegner in neuen Aufstellungen zu widerstehen.

*

Verhältnisse, welche im Voraus bestimmt und bekannt sind, sollen ausschließlich, ohne andere Rücksicht, das Motiv der strategischen Beschlüsse des Feldherrn sein, jenes der taktischen hingegen die Verhältnisse des Moments.

Erstere, die Frucht kalter Berechnung, umfassen so viel, daß ihnen das Resultat nicht auf dem Fuße folgt wie den taktischen, welche das Product feuriger Entschlossenheit sind. Augenblicklichen Verhältnissen die Strategie unterordnen wollen, ist ein ebenso großer Fehler, als wenn man vorläufig, ohne Rücksicht auf den Standpunkt der Ausführung, taktische Anordnungen trifft. Im ersteren Falle bleibt man stets hinter dem Feinde zurück, im zweiten passen die Anordnungen nicht zu den Umständen, unter welchen sie ausgeführt werden sollen. Beide diese Mißgriffe waren Schuld an vielen Unfällen.

*

»Milites, decernite telum!« war bei den Römern ein Commandowort zum Angriff.

*

In der Schlachtlinie des österreichischen Fußvolkes steht die Mannschaft, welche bestimmt ist, zerstreut zu fechten, im dritten Gliede. Bei der römischen waren die Veliten ebenfalls in den hintersten Gliedern. So werden die Menschen durch Erfahrungen verschiedener Zeiten zu ähnlichen Resultaten geführt.

*

Es gibt Menschen, welche Rohheit für echten militärischen Sinn halten, weil man beide manchmal gepaart findet. Jene ist nur die Ausartung dieses, aber der Geist des Soldatenstandes erscheint nie in einem größeren und erhabeneren Lichte als unter edlen Formen.

✳

Nie soll Cavallerie, deren Wirkung sich ausschließlich auf den Angriff entfernter Punkte in der Ebene beschränkt, die Flügel der Schlacht= linie bilden. Sind deren Umgebungen offen, so reihe man die Cavallerie staffelweise an selbe, um den, der sie umgehend anfallen wollte, ent= weder durch einen raschen Angriff zuvorkom= mend über den Haufen zu werfen, oder durch dessen Bedrohung von seinem Unternehmen ab= zuhalten. So werden die Flanken eine doppelte Festigkeit erhalten, denn man sichert keinen Punkt besser, als wenn man den Feind ver= hindert ihn anzugreifen.

Der Satz, den man fast überall liest und als unbedingt ausgesprochen hört, daß Ca= vallerie die Flügel der Schlachtordnung bilden solle, ist ein Vorurtheil.

✳

Bonaparte siegte über seine Feinde, weil er im dahinreißenden Gefühle seines Glückes bei der Anwendung der eigenen Kräfte alle Schonung und Rücksicht bei Seite setzte, sich durch eigene Mißgriffe nicht in Verlegenheit bringen ließ und durch eine grenzenlose Zuversicht die Kräfte seiner leicht beweglichen Völker auf das Aeußerste spannte.

Aber der ungezähmte Geist der Zuversicht ging in frevelnden Uebermuth über. Er achtete das Moralische seiner Feinde für gar nichts, vergaß, daß in der Verzweiflung der geduldigste Mensch ein Held wird, und daß auch er die Ausbeutung der Hilfsquellen nicht ins Unendliche steigern könne.

Er scheiterte an diesem Frevel wie alle menschliche Größe. Sein Heer verlor damit den Geist der Zuversicht — und den Sieg.

Die empörte, frisch aufgeregte moralische Kraft der Feinde überwuchs ihn, und er unterlag, nicht den Combinationen der Feldherren und Staatsmänner, sondern dem veränderten Geiste der Zeit.

*

Schwachköpfe wollten Bonaparte's Ruhm durch die Bemerkung schmälern, daß er die meisten Erfolge seiner überlegenen Kraft verdanke. Gibt es wohl ein größeres Lob für den Staatsmann, als daß er keinen Krieg oder Feldzug begann, ohne solch einer Ueberlegenheit sicher zu sein? Selbst dort, wo seine Streitkräfte im Ganzen mit den feindlichen gleich stark, ja sogar oft schwächer waren, wie z. B. in den Feldzügen von 1796 und 1814, mußte er sich die Ueberlegenheit auf den entscheidenden Punkten in verhängnißvollen Momenten zu verschaffen.

Auch der Werth seiner Anordnungen wurde bestritten, weil sie einfach waren — als läge nicht gerade in der Einfachheit die größte Bürgschaft für Wahrheit und Erfolg, und als wäre es nicht die höchste Kunst, das Einfache unter so vielen Nebenumständen aufzufinden, zu ergreifen und ins Leben zu rufen.

✳

Scharf bezeichnet ist die Grenze zwischen Wissenschaft der Leitung von Operationen (Strategie) und Kunst der Ausführung ihrer Einzelheiten (Taktik). Die Berechnungen der letzteren erstrecken sich blos auf den Bereich der Waffen

und des persönlichen Andranges, folglich auf
Formen und auf die Gegenwart; indeß sich
jene der Strategie über die Einwirkung großer
Massen, auf bedeutende Räume und Zeit und
hiemit über den Geist umfassender Leistungen
verbreiten. Strategie und Taktik öffnen sich
wechselseitig die Bahn zu einer ganz verschie=
denen Thätigkeit. Erstere bezeichnet die Linien
und Punkte, welche taktisch zu durchziehen, zu
gewinnen oder zu behaupten sind, und die
Lösung dieser Aufgaben entscheidet über die
weiteren Fortschritte. Doch, indem nur solch eine
Zusammenwirkung von beiden große
Erfolge erzeugt, steht Verderben auf dem
Uebertragen von Ansichten der Einen in das
Feld der Anderen.

Beispiele solcher Mißgriffe sind: Wahlen
von Operations=Objecten wegen eines günstigen
Schlachtfeldes, und nicht wegen ihres Einflusses
auf die Umgebung; — Vernachlässigung des
offenen, ebenen Bodens für strategische Züge,
und Benützung des erhöhten, von Zufällig=
keiten durchschnittenen wegen dessen taktischen
Vorzuges der Beherrschung; — Mangel an
Vereinigung der Kraft für den Besitz des ent=

ſcheidenden Punktes in der Abſicht, mit dem Gefecht einen weiteren ſtrategiſchen Schritt zu verbinden, der doch nur das aus ſelbem folgende Reſultat ſein kann u. dgl. m.

Gefechte werden gewöhnlich durch die Reſerven entſchieden, indeß Reſerven außer dem Bereiche der Schlachtfelder die Zuſammenwirkung der brauchbaren Streitkräfte hindern und durch ihre Vereinzelung Niederlagen ausſetzen.

*

Bedeutende taktiſche Leiſtungen entſtehen aus einer vereinten Wirkſamkeit der Infanterie, Cavallerie und Artillerie. Die Infanterie kämpft auf jedem Boden, in der Ferne wie in der Nähe, ſtehenden Fußes wie mittelſt Bewegungen, und iſt daher die erſte, für jeden Zweck anwendbare, unentbehrliche Waffe. Die Cavallerie benöthigt eines freien Raumes zum Vordringen, ſowie die Artillerie für ihr Feuer. Beide können auf keinem anderen Boden weder wirken noch ſich bewegen und ſind daher blos Hilfswaffen. Da es aber zur Wahrſcheinlichkeit des Erfolges gehört, daß dieſe Truppen insgeſammt ihre größte Wirkſamkeit vereint gegen jenen Punkt bethätigen, um welchen gekämpft wird, so sind jedesmal für die Verwendung der Cavallerie und Artillerie jene Räume zu bestimmen, welche den vollen Aufwand ihrer Kraft gestatten und daher beinahe in jedem einzelnen Falle von verschiedener Beschaffenheit sind.

Doch sucht man sich gewöhnlich der Zusammenwirkung aller Waffen gänzlich und auf immer dadurch zu versichern, daß die Cavallerie und das Geschütz in Bewegungen, Stellungen und Linien unzertrennlich und unmittelbar nach im Voraus angegebenen Normalformen mit der Infanterie verbunden, ja oft sogar gleichgestellt werden. Beide Hilfswaffen kommen dadurch häufig in die Unmöglichkeit, etwas zu leisten und werden durch unnützen Verlust zu sehr geschwächt, um weiteren billigen Forderungen, worauf die Disposition gebaut war, mehr entsprechen zu können. Zugleich entsteht bei der Infanterie der Wahn von dem Bedürfniß solcher Verbindungen und beraubt sie zugleich mit dem Selbstvertrauen ihrer Selbstständigkeit.

Auf den Schlachtfeldern von Talavera und Salamanca stand die englische Cavallerie weit hinter der Infanterie, beförderte aber doch wesentlich den Sieg durch ihr zweckmäßiges Erscheinen; bei Wagram zog Bonaparte eine große Menge von Geschütz vor seinem Centrum zusammen, unbekümmert, andere seiner Abtheilungen davon zu entblößen.

*

Bisher wurden die Armeen in dem Maße schwerfälliger, als ihre Bestandtheile zahlreicher waren. Am Ende des 18. Jahrhunderts vermehrte man zugleich die Zahl der Streiter und die Schnelligkeit der Bewegungen. Diese neue Erscheinung verdanken wir der in Folge eines dreißigjährigen Continentalfriedens (von 1762 bis 1792) verbesserten Landescultur. Die Möglichkeit, viele unentbehrliche Gegenstände überall aufzubringen, vermindert den Train und beschleunigt, sowie die zahlreichen Wege, welche die Bildung mehrerer Colonnen erleichtern, die Märsche.

In den unbebauten, unwegsamen Provinzen des türkischen Reiches behält der Krieg noch fortwährend seine alte Schwerfälligkeit. Frankreich scheiterte jedoch an seiner eigenen Methode, als Napoleon, durch die glücklichen

Erfolge dieses neuen bequemen Kriegssystems verblendet, in weniger cultivirten oder in erschöpften Ländern auf Hilfsmittel zählte, welche industriereiche Staaten gewährten.

*

Viele betrachten den Soldaten als eine bloße Maschine, folglich als vollkommen brauchbar, wenn er versteht, sich nach dem Commandowort zu bewegen und zu feuern. Doch sind die Bestandtheile der Kraft, welche den Sieg entscheidet, sowohl moralisch als physisch, und vor Allem der Geist der Tapferkeit und des Gehorsams unentbehrlich, damit der Feldherr in jedem Momente auf die unfehlbare Mitwirkung seines ganzen Heeres zählen könne.

Manches Volk ist für diese viel langsamer empfänglich als für die physische Ausbildung. Die Art, sowie die Dauer der Abrichtung des Soldaten sollte gleich den politischen Gesetzen nach dem Charakter der Nationen bemessen werden.

*

Wer in der Defensive seinen Entschluß erst auf die erlangte Gewißheit gründet, welchen Punkt der Feind zum Angriff gewählt hat, kommt immer zu spät.

Man berechne im Voraus, welche Opera= tion die entscheidendste, folglich für ihn die nützlichste ist und stelle sich auf, um dieser zu begegnen. Dann hat man sich für den nach= theiligsten Fall vorgesehen.

Ergreift der Gegner eine andere, so schlägt er einen langsameren Weg zum Ziele ein, und es gebricht also auch nicht an Zeit, um ihm zuvorzukommen oder seinen Plan durch ein Gegenmanöver zu vereiteln. Diese Berechnung bleibt umsomehr der einzige Maßstab zur Grün= dung ausgiebiger Anstalten, als heutzutage die Schnelligkeit und das Umfassende der Opera= tionen es unmöglich macht, eine echte, er= schöpfende Uebersicht der Absichten und Bewe= gungen des Gegners durch Spione und Vor= posten zu erhalten.

*

Die Strategie bezeichnet dieselben Punkte zur Anlage von Festungen wie zu defensiven Aufstellungen, weil beide denselben Zweck er= füllen sollen; nur haben jene den Vorzug, daß

sie keiner Erstürmung oder Umgehung unter=
liegen, daß die Zeit ihrer Haltbarkeit, sowie
die Zahl ihrer Vertheidiger bestimmt bemessen
ist und daß sich der Feind in einem Kreis,
folglich mit überlegenen Streitkräften aufstellen
muß, um sie einzuschließen.

⁂

Man hat die Vertheidigung der meisten
Festungen zahlreichen, aber eingeengten Werken
überlassen, deren Nutzen auf unbedeutende Flan=
kirungen berechnet ist und welche bald durch
ein wirksames Feuer unbrauchbar werden. Ein
Wall mit Bastionen und Courtinen, umgeben
von einem Graben und bedeckten Weg, ver=
stärkt durch vorgeschobene Lünetten oder beta=
chirte Bastionen vor den hervorspringenden Win=
keln der angreifbaren Fronten reicht hin, um
einer Festung die nöthige Haltbarkeit zu geben,
wenn ihre Werke weitläufig mit hinreichenden
Casematten und mit Minen versehen sind.

Auf diese Art wird der Feind weit von
dem Innern der Festung entfernt und zu einer
großen Ausdehnung gezwungen, weil er sich
mit seinen Tranchéen nicht zwischen zwei Lü=

netten wagen darf, welche sich bestreichen. Solche Festungen sind geschlossen, folglich haltbar, sobald der Wall steht, von dem die Errichtung der Außenwerke unabhängig ist; die gewöhn=. lichen hingegen erst nach Vollendung aller so eng mit einander verbundenen und größtentheils in dem Graben aufgeführten Werke. Welch bedeutender Vortheil!

*

Im Angriff soll der Feldherr den Gang des Donnerwetters gehen. Unbemerkt zieht es sich zusammen, ohne daß man weiß, woher. Wenn man es entdeckt, sieht man nicht, welche Richtung es nehmen wird. Plötzlich ist es da, zerstört Alles durch Sturm, Regen, Hagel und Feuer und eilt schnell weiter, neue Verwüstungen anzurichten.

In der Vertheidigung steht der Feldherr wie ein stolzer Fels, noch fest und unverrückt, selbst wenn die Kraft der anstürmenden Wellen längst sich an ihm vertobt hat.

*

Die Pallisaden am Rande des bedeckten Weges sind nur schädlich, denn sie hindern die Stürmenden nicht in selbe einzudringen, wohl aber die Vertheidiger an kräftigen Ausfällen mit ganzer Fronte und an einem schnellen Rückzug.

Wenn die Brennmaterialien in den Festungen statt aus Holz aus Steinkohlen bestehen, so hat man mehr Sicherheit vor Feuersgefahr und erspart an Raum, weil man sie unter den Plätzen und Gassen vergraben kann, wodurch sie überdies bedeutend an Güte zunehmen.

*

Die Menschen ziehen meist das in die Augen Fallende dem wahrhaft Nützlichen vor; daher stellt man bei der Infanterie die kleinen Leute in das zweite Glied; obwohl sie in die Fußstapfen ihrer Vordermänner treten und über selbe hinausfeuern müssen.

*

Unwissende und furchtsame Anführer verwenden die Cavallerie am häufigsten und unzweckmäßig; denn nichts kostet weniger Kopf=

zerbrechen als der Befehl zu einem geraden Andrang, nichts entscheidet rascher — und die Cavallerie entzieht sich am schnellsten dem Gefechte.

✻

Die schwere Cavallerie, deren Bestimmung ist, durchzubrechen, sollte mit Lanzen versehen sein. Diese Waffe reicht weiter als der Säbel und erhöht dadurch die Wirksamkeit einer geschlossenen Angriffslinie, und mit der Ueberzeugung davon die Zuversicht des Reiters, indeß sie das Zutrauen des Infanteristen auf das Bajonnet vermindert. Sie ist im einzelnen Gefechte unvortheilhaft und nöthigt dadurch die Truppe, welche sie führt, zur Zusammenhaltung.

✳

Man sollte sich in kein Gefecht einlassen, ohne schlagfertig zu sein. Ist eine Colonne mit der tête, in deren Richtung man deployiren soll, auf den Feind gestoßen, so müssen die vordersten Abtheilungen aufgeopfert werden und die Entwicklung auf den rückwärtigen erfolgen; sonst kommt die Truppe in das Handgemenge, ohne durch die Vollendung ihrer Bewegung dazu in der Verfassung zu sein.

*

Bei dem Abmarsch aus der Mitte erfolgt die Bildung sowie die Entwicklung der Colonne zweimal so schnell als bei dem von den Flügeln; daher verdient erstere immer den Vorzug, den besonderen Fall ausgenommen, daß man vor Allem einen Gegenstand erreichen oder längs einer Linie fortziehen will, die zur Stütze des Flügels und Deckung der Flanke dient.

*

Schlaffheit und Eigenliebe verleitet die Menschen in Jenem ein hohes Wesen zu wähnen, von dem etwas für sie Unerwartetes herkömmt. Dadurch werden die Eigenen hingerissen, die Gegner verwirrt und erschreckt.

Ein Feldherr, welchem sein Genie in dem rechten Augenblick ein überraschendes Mittel in die Hand gibt, hat einen Vortheil mehr.

*

Nur durch Entschlossenheit besteht man die Gefahr und gelangt über Hindernisse hinweg zum Ziele. Sie ist daher die erste, unerläßlichste, aber auch geschätzteste Tugend eines Standes, der sich immer und allein in Schwierigkeiten und Gefahren bewegt. Der Feldherr, dessen Aeußeres oft mehr als der Geist auf die Truppen wirkt, muß selbst in der Art, sich selber zu zeigen, mit ihnen zu sprechen, sie zu behandeln u. s. w., Entschiedenheit zeigen.

Der Soldat liebt den Vorgesetzten, der ihn streng zu seiner Pflicht anhält, mehr als den nachläßigen, weil er in jenem den entschlossenen Mann erkennt, auf welchen er vertrauen darf, und sein inneres Gefühl die Nothwendigkeit von dessen Forderungen ausspricht.

*

Bonaparte's Feldzug in Rußland gleicht in der Hauptsache jenem des Kaisers Julian in Persien. Ersterer verlor seine Armee, die römische rettete sich blos durch eine schändliche Capitulation vor dem Untergang.

Von gleich zerstörenden Resultaten waren mehrere Feldzüge der Römer in der Ebene

Numidiens gegen Jugurtha's zahlreiche Cavallerie. Als aber Metellus seine Operationsbasis am Meere und seine Communicationen befestigt hatte, behauptete er das Land, welches vorhin so oft verlassen als erobert war.

✻

Meere, Gebirge und Festungen schützen Frankreich vor jeder unerwarteten Invasion. Hingegen vermag es die angrenzenden Länder damit zu überziehen, weil seine große, gedrängte, geistige, für schnelle Bildung und Enthusiasmus fähige Bevölkerung die baldige Zusammenstellung von Armeen erleichtert, indeß die Waffenplätze an der äußersten Grenze alle Kriegsbedürfnisse gesichert enthalten.

Spanien hätte ähnliche Vortheile in seiner geographischen Lage und dem Nationalcharakter; allein der Besitz der Colonien erschöpfte das Mutterland, und die Regierung wußte den Geist der Nation weder zu spannen noch zu erhalten oder zu benützen.

✱

Wenn sich zwei Armeen in dem Thale eines Flusses, mit der einen Flanke an diesen gestützt, begegnen, so hat jene den Vortheil, welche die andere in dem Gebirge überflügelt und gegen den Strom aufrollt.

Nur dann darf man die Entscheidung einem Angriff in dem Thal überlassen, wenn der Rückzug des Feindes über den Fluß geht und er sich noch zu wenig von seiner Brücke entfernt hat, um nicht bis auf selbe zurück= gedrückt zu werden, ehe er eine Ueberflüglung in dem Gebirge zu Stand bringen kann.

※

Die meisten Nachahmungen mißlingen, weil die Mehrzahl der Menschen aus Pedanten besteht. Sie halten das, was große Ereignisse unter großen Umständen herbeigeführt oder auch nur begleitet, was neu ist und ihnen zu= nächst in die Sinne fällt, für die absolute Ur= sache derselben und ahmen es blindlings nach, wenn sie ähnliche Resultate erreichen wollen. In den Ebenen von Aspern siegten die Massen der österreichischen Infanterie; daher wollten Viele diese Schlachtordnung auch in durch=

schnittenen Gegenden annehmen, wo doch
Schnelligkeit der Bewegungen und Ueberlegen=
heit des Feuers allein entscheiden.

❊

Um sich durch ungestörte Vereinigung
zweier den feindlichen gegenüberstehenden Ab=
theilungen in Vortheil zu setzen, muß selbe nie
auf der Straße geschehen, welche die einst=
weiligen Aufstellungen in gerader Linie ver=
bindet, sondern immer in der Richtung eines
rückwärtigen, von beiden verhältnißmäßig ent=
fernten Standpunktes.

Der Gegner vermag nicht eine solche Be=
wegung zu unterbrechen, und folgt er auf beiden
Linien nach, so werden die eigenen Kräfte viel
eher als die seinigen zusammenkommen und
folglich mit Uebermacht wirken können.

∗

Der herrschende Charakter eines Menschen
ist in keinem Stande leichter zu erkennen als
in dem des Soldaten. Da kommen Hohe und
Niedere wiederholt am meisten in die Lage, so

schnell und entscheidend zu handeln, daß selbst die Verschlossensten das Motiv ihres Benehmens ihren zahlreichen Beobachtern nicht entziehen können.

*

Von allen Theilen der Kriegskunst wurde der fortificatorische am meisten nach geometrischen Regeln bemessen, weil es sich dabei um keine Resultate augenblicklicher Wirkungen, sondern kalter Berechnung handelt.

In der Aehnlichkeit der fortificatorischen mit taktischen Grundsätzen liegt der Beweis, daß auch letztere auf der Mathematik beruhen.

Man vergleiche z. B. den Angriff einer Festung mit jenem einer Stellung. Bei beiden wird er auf den hervorspringenden Winkel gerichtet, man weicht den Enfiladen aus, die Flanken werden durch Stützung der Flügel oder durch Ueberflügelung der weiter vorgehenden gedeckt; das Geschütz sucht das feindliche zum Schweigen zu bringen und bahnt den Weg zu den folgenden Schritten, bei welchen man staffelweise den Angriff sowie das Feuer immer mehr gegen den zu nehmenden Punkt concentrirt

u. f. w. Gleichfalls bestimmen ähnliche Grund=
sätze die Anlage und die Form der Festungs=
werke, sowie jene der Aufstellungen in Posi=
tionen.

*

Der Gang der Kriege aller Zeiten beweist,
daß die Lage sowohl der Operationsbasis, aus
welcher die Armeen ihre Hilfsquellen ziehen,
als die kürzesten Verbindungen mit selber stets
die Wahl des Schauplatzes bestimmten.

In Spanien wurden die Fehden der Römer,
Karthager und Mauren fortwährend in den
südlichen Provinzen geführt, jene der Engländer
und Franzosen hingegen immer in den nörd=
lichen entschieden.

*

Die Resultate sind immer den Mitteln an=
gemessen, die man verwendet, um sie zu er=
reichen. Diese müssen also in dem Maße be=
deutender sein, als jene schwerer hervorzubrin=
gen sind.

Die Behauptung einer Defensive ist schwe=
rer als die Offensive, und doch wird sie immer

dem zu Theil, dessen Mittel geringer sind als die des ihn Angreifenden.

Doch erleichtert der Umstand die Lösung der Aufgabe, daß Jener, der sich stehenden Fußes vertheidigt, Zeit hat, den Mangel an Kräften durch Kunst und vorzüglich durch Befestigungen zu ersetzen, indeß der Vorgehende Alles blos unmittelbar durch Aufstellung von Truppen leisten muß. Wo aber die Kunst dem Vertheidiger nicht zu Hilfe kommt, ist sein Untergang unausweichlich.

Im Kriege zeigt sich die Macht der Opinion in ihrem ganzen Umfang. Bei gleichen Verhältnissen verdankt man oft den Sieg der bloßen Ueberzeugung der Soldaten von ihrer physischen oder moralischen Ueberlegenheit über den Feind.

Die Truppe, welche den Gegner mit möglichster Benützung eines schon bekannten Terrains aufgestellt, in Ordnung geschlossen, mit der Fähigkeit, ihre Waffen vollkommen zu gebrauchen, erwartet, wäre in jeder Rücksicht in

entſchiedenem Vortheil, ſchlüge nicht meiſtens
der Gedanke den Muth des Soldaten nieder,
daß nachtheilige Verhältniſſe ihre defenſive Hal=
tung verurſachen. Im Gegentheil erhebt die
Gemüther der Angreifenden die Ueberzeugung,
daß eine entſchiedene Ueberlegenheit den Ent=
ſchluß ihres Anführers beſtimmte, und gewährt
ihnen daher auch faſt immer den Sieg, ſelbſt
gegen die Mehrzahl.

*

Der Eroberer von Ungarn, Karl von
Lothringen, gab ein Beiſpiel, wie die Truppen
in ungeſunden Gegenden vor Krankheiten ge=
ſchützt werden können, indem er ſie fortwäh=
rend mit Märſchen und Veränderungen von
Stellungen beſchäftigte, ſelbſt wo militäriſche
Rückſichten dieſe nicht forderten.

*

Wo Jeder mehr Gewicht auf den Aus=
ſpruch des Vorgeſetzten als auf das eigene Ur=
theil legt, nur da herrſcht unbedingter Gehor=

sam; daher nur in jenem Heere strenge Mannes=
zucht, welches unter einem großen Anführer steht.

.:.

Demjenigen, welcher die meisten Kräfte in
der kürzesten Zeit auf dem entscheidenden Punkte
vereinigt und verwendet, gehört der Sieg im
Kriege sowohl als in jedem anderen physischen
oder moralischen Kampfe.

*

Das seltene Beispiel der Abschlagung des
Angriffes auf einen Convoi durch dessen Be=
deckung liefert ein Gefecht zwischen den Eng=
ländern und den Franzosen im Jahre 1708
bei Winendaal.

Heutzutage brechen wir unsere Frontlinien
in der Art, daß nur gänzliche Ungangbarkeit
die Durchziehung einer Gegend unmöglich macht;
daher die Seltenheit von Stützpunkten für die
Flanken und das Bedürfniß, diesen schwäch=
sten Theil der Linie durch die Aufstellung
der Truppen in mehreren Treffen, die nach
der Seite geschoben oder staffelweise postirt

werden können, jenen Schutz zu gewähren, den ihr das Terrain versagt.

Diese Betrachtung bestätigt den Vorzug der tiefen über die ausgedehnte Schlachtordnung bei der Vertheidigung sowohl als bei dem Angriff, wozu sich bei letzterem noch der Vortheil gesellt, ihn mehrmal erneuern zu können.

Schon die Alten erkannten jenen Vorzug. Wenn jedoch der Grundsatz unverändert bleibt, so muß dessen Anwendung unseren Waffen angepaßt werden, indem man eine geschlossene Colonne, die zu viel vom Kanonenfeuer leiden würde, durch mehrere Treffen ersetzt, die überdies eine noch größere Tiefe gewähren.

Bei Trafalgar siegte Nelson's tiefe Schlachtordnung über die ausgedehnte Linie des Feindes. So bewährt sich die Wahrheit der Grundsätze in jedem Verhältnisse, sobald sie diesem in der Anwendung angepaßt werden.

✳

Die Oblique, bei welcher der schwache Theil einer Linie entfernt gehalten und mit dem stärkeren gewirkt wird, ist eine der treff=

lichsten Schlachtordnungen. Sie liefert zugleich
ein Sinnbild der Art, wie man im menschlichen
Leben am sichersten zu seinem Zweck gelangen
kann.

⁂

Die Infanterie ist die erste, die einzig
selbstständige Waffe. Sie taugt zum Angriff,
zur Vertheidigung in der Nähe wie in der
Ferne, bewegt sich und nützt auf jedem Terrain
und in jedem Verhältnisse.

Letztere Eigenschaft fehlt der Artillerie,
welche nicht überall auffahren noch wirken kann.

Die Cavallerie endlich ist blos zum An=
griff in offenen Gegenden brauchbar, daher, so=
wie das Geschütz, nie mehr als in einzelnen
Augenblicken isolirt zu verwenden.

Eine Entschlossenheit der Seele, welche
jedes andere Gefühl überwiegt, ist der Haupt=
zug des großen Feldherrn.

Nach jeder Schlacht soll man Spuren von
physischer Furcht in des berühmten Luxem=

burg's*) Unterkleidern gefunden haben: und wie glänzend waren doch seine Kriegsthaten!

*

Als ein griechischer Feldherr einen Neuling sich rühmen hörte, daß ein Pfeil in seiner Nähe gefallen sei, sprach er: »Und ich, ich schämte mich deswegen, denn er war dort nicht an seinem Platze.«

Der Höhere setzt sich herunter und in die Linie jedes seiner Untergeordneten, wenn er durch jene Eigenschaften zu glänzen sucht, welche sie Alle besitzen müssen, und die blos der erste Schritt zu der hohen Stufe sind, auf der er steht.

*

Jeder Commandant einer Festung, die berannt wird und sich wegen Mangels an Vorräthen nicht mehr halten kann, sollte zu dem Versuch verpflichtet sein, sich mit seiner Besatzung durchzuschlagen.

*) François-Henri de Montmorency duc de Luxembourg, maréchal de France, geb. 8. Jänner 1628, gest. 4. Jänner 1695.

So rettete der tapfere Hammerstein die Garnison von Menin im Jahre 1794, so Grenier jene von Almeida im Jahre 1809.

Saint=Cyr hätte ein Aehnliches thun sollen, als er mit einer den berennenden Feind überlegenen Besatzung im Herbste von 1813 in Dresden eingeschlossen war.

Ohne Mühe und Gefahr konnte er sich mit den Besatzungen der ebenfalls schwach berannten Festungen Torgau, Wittenberg und Magdeburg vereinigen und dadurch zum wesentlichen Nachtheil des Gegners ein ansehnliches Corps in dessen Rücken bilden.

*

Entscheidende Vortheile gewährt im Kriege sowie überall, wo gehandelt werden muß, die Initiative, durch welche man in einem eigenen Gang allen Anderen vorgreift.

Diese müssen uns dann entweder nachfolgen oder sich manchem Verluste aussetzen, bis sie uns auf einem anderen Wege einzuholen und aufzuhalten vermögen.

Aber nur Männer von mehr als alltäglicher Fähigkeit vermögen einen so originellen Weg zu gehen.

Wie viel litten Rom und Spanien, bis Fabius, Metellus und Wellington dem neuen Kriegssystem ihrer Gegner ein ebenso neues entgegensetzten.

Diese großen Männer hätten ihren Zweck nie erreicht, wenn sie dem Beispiel des Feindes gefolgt wären. Aber sie vermochten durch die Kraft ihres Genius sich zuerst ins Gleichgewicht mit ihm zu setzen und ihm dann sogar die Initiative abzugewinnen.

⁂

Die Vertheidigung einer Festung selbst theile ich in drei Epochen ein:

1mo. Von ihrer Einschließung bis zu Eröffnung der Laufgräben.

Während dieser muß der Commandant durch Ausfälle dem Feind hinlänglichen Schaden zufügen, um ihn zu nöthigen, die Festung zu belagern oder viele Truppen zu ihrer Berennung zu verwenden, wodurch er seine im Feld stehende Armee schwächt und eine ausgiebige Diversion zu Gunsten der eigenen erfolgt.

2do. Von Eröffnung der Laufgräben bis zur Krönung des bedeckten Weges.

Durch die Anlegung von Tranchéen und Batterien erhält der Belagerer bald Sicherheit vor den Schüssen aus der Festung und ein überlegenes Feuer über selbe.

Es ist daher eine unnütze Versplitterung der Munition und man setzt sein Geschütz so= wie die Mannschaft umsonst der Gefahr aus, unbrauchbar zu werden, wenn man in dieser Epoche ein bedeutendes Feuer von den Wällen unterhalten will. Etwas Wurfgeschütz, ver= wendet zur Beunruhigung der Arbeit, verbunden mit kleinen Ausfällen gegen die vorrückenden Tranchéen verzögert hinreichend die Fortschritte des Gegners.

Man muß seine Mittel für die dritte Epoche aufsparen, welche eigentlich die aus= giebigste und glänzendste der Vertheibigung ist. Die Krönung des bedeckten Weges verhindert nun den Feind mehr Geschütz spielen zu lassen als in dem eingeengten Raum auf selbem Platz hat, und man kann aus den rückwärtigen Werken ein umfassendes, überlegenes Kreuzfeuer auf ihn machen.

Die Ausfälle aus der nahe gelegenen Festung sind immer stärker als die Bedeckung der nächsten Laufgräben und schneller an dem Angriffspunkte als dessen Unterstützung durch den schlängelnden Weg der Tranchéen herbeieilen kann. Endlich bietet die Beschwerlichkeit des Ueberganges über den Graben und der Ersteigung der Bresche dem Festungscommandanten, welcher mit seinen Kräften gut gewirthschaftet hat, unendliche Mittel zur Vertheidigung.

Nach diesen Grundsätzen behaupteten die Franzosen im Jahre 1813 die unbedeutende Festung Saint=Sebastien lange und hartnäckig gegen die Engländer. Schwache Commandanten vergeuden ihre Mittel, verschießen schnell ihre Munition und verschaffen sich dadurch bald einen ehrenvollen Vorwand zur Uebergabe, verbunden mit dem Beifall der Mehrzahl, welche die Kraft des Entschlusses eines Mannes nur nach dem gleichzeitigen Aufwand von Mitteln, nicht aber nach deren richtiger Verwendung bemißt. ✳

Bonaparte's Feldherrntalent zeichnete sich vorzüglich durch die Kunst aus, seinen Bewegungen den höchsten Grad von Schnelligkeit mittelst zweckmäßiger Vertheilung der Streitkräfte zu geben und diese doch alle wieder auf dem strategischen Punkt am Tage der Schlacht zu vereinigen.

*

Alexander's Verhältnisse in dem Kriege gegen die Perser haben viel Aehnlichkeit mit jenen Bonaparte's in den Jahren 1800 bis 1812.

Jeder Fortschritt Alexander's vermehrte seine Heeresmacht. Er führte den Krieg sowohl mit den eigenen Truppen als mit jenen der sogenannten Bundesgenossen und den unterjochten Völkern, deren Gebräuche und Vorurtheile er benützte, indem er sie ehrte.

Die Macedonier waren zu Lande im Vortheil, die Perser hatten die Oberherrschaft zur See. Um letztere unschädlich zu machen, bewarb sich der griechische König vor Allem um den Besitz der Häfen. Nur der Perser Memnon beurtheilte allein richtig, wie sein Vaterland noch vor einer Invasion zu retten sei, indem er zur Verheerung der vorwärtigen Provinzen rieth. Man zog vor, eine Feldschlacht am Granicus zu wagen und — Persien unterlag.

Wie wenig Neues gibt es wohl unter der Sonne? und doch, wie selten erkennt man das Alte, wenn es auf's Neue erscheint?

*

In fünfzehn Kriegsjahren zählen wir elf Hauptschlachten, welche blos darum verloren wurden, weil der Erfolg auf zusammengesetzte Bewegungen und auf den gleichzeitigen Angriff zerstreuter Colonnen berechnet war, und zwar:

die Schlacht von Lille 1794,

die erste Schlacht zum Entsatz von Mantua 1796,

die Schlacht bei Neresheim 1796,

die Schlacht bei Rivoli 1796,

die Schlacht bei Stockach 1799,

die Schlacht an der Trebbia 1799,

die Schlacht bei Hohenlinden 1800,

die Schlacht bei Austerlitz 1805,

die Schlacht bei Pultusk 1806,

die Schlacht bei Talavera 1809,
die Schlacht bei Salamanca 1812.

Mehrere andere Schlachten und Gefechte fielen aus der nämlichen Ursache unglücklich aus, und doch wurden die nämlichen Fehler so oft wiederholt.

Ist es wohl zu verwundern, daß die Ursachen der Ereignisse, welche sich nur mit der Zeit, nach und nach entwickeln, nicht klar genug werden, um Erfahrungen zu bilden, wenn solche, bei welchen die Strafe so schnell, so bestimmt und in so einem Maße auf den Fehler folgte, selbst für den Augenzeugen diesen Nutzen nicht hatten?

*

Sollten künftig die Armeen gleich denen der vorigen Jahrhunderte wieder aus einer geringeren Zahl Streiter bestehen, so wird doch der Krieg einen ganz anderen Gang nehmen als damals, wenn man nur das System beibehält, die Lebensmittel durch Requisitionen aufzubringen.

Die Ausführung dieses Systems sowie die Schnelligkeit der Bewegungen wird in dem Maße erleichtert als man die Heere vermindert.

Anstatt also zu schwerfälligen, langsamen Manövern zurückzukehren, werden unsere geringeren Haufen noch einen höheren Grad von Schnelligkeit haben als jetzt, (und zwar einen solchen,) welcher die Züge der Armeen jenen der Parteigänger gleichstellen muß.

*

Napoleon hat nie schöner manövrirt als in dem Feldzuge von 1796 in Italien — und von Ende des Feldzuges von 1814 zwischen der Marne und Seine, und nie war seine Armee weniger zahlreich.

*

Bülow hat viel Aehnlichkeit mit einem Donnerwetter, bei welchem ein leuchtender Blitzstrahl durch viel Finsterniß und unnützes Geräusch erkauft werden muß.

Novizen im Kriegsfache werden durch ihn nur verführt.

*

Durch übermäßige Vergrößerung der Armeen hat die Taktik von ihrem Werthe verloren, und die strategische Anlage der Operationen für den Erfolg der Feldzüge ein ent=

scheidendes Uebergewicht über einzelne Manöver erhalten.

Da jene Anlage jedoch meistens von den Entschlüssen der Cabinete und von den Hilfs= quellen abhängt, welche dem Feldherrn zur Verwendung überlassen werden, so sollten die ersten Staatsmänner entweder richtige Begriffe von der Kriegswissenschaft haben, oder diese durch ein unbeschränktes Vertrauen in den Mann ersetzen, dem die oberste Leitung anver= traut wird; sonst kann schon in den ersten Vor= bereitungen zum Kriege der Keim zu unglück= lichen Feldzügen und zum Untergange des Staates liegen.

＊

Die Wirkung der Stoß=, Hieb= und Schuß= waffen geht in senkrechter Richtung von dem aus, welcher selbe verwendet.

Alle Manöver müssen folglich dahin ab= zielen, die Front, welche nebeneinander stehende Soldaten bilden, in eine parallele Linie mit dem Gegenstande zu bringen, auf welchen man wirken will.

Ist es möglich, ihn so zu wählen, daß der Feind seine Waffen nicht gleichfalls in senk=

rechter Richtung gebrauchen kann, als z. B. in seiner Flanke oder in seinem Rücken, dann ist man des Vortheiles beinahe gewiß.

Muß man es hingegen mit einer parallelen Front aufnehmen, so vervielfältige man die eigenen Linien in der Art, um dort eine über= legene Kraft zu verwenden, wo dem Gegner der volle Gebrauch seiner Waffen freisteht.

*

Weil auf das Maximum der Anstrengung stets der höchste Grad von Erschöpfung folgt, so soll man jenes nur dort anwenden, wo jeder fernere Aufwand von Kraft unnöthig wird, sei es nun durch vollkommene Erreichung des vorgehabten Zweckes oder in verzweifelten Fällen durch die Zerstörung aller unserer Hilfsquellen.

Von Bonaparte's und Wellington's Siegen erscheinen jene von Marengo und Waterloo als die glänzendsten und folgenreichsten; und doch sind diese unter allen, welche sie erkämpften, gerade diejenigen, welche sowohl in Rücksicht der vorhergegangenen Operationen als der An=

ordnungen des Gefechtes selbst dem meisten Tadel unterliegen.

Den höchsten Ruhm, der beiden Feldherren wegen ihrer Thaten gebührt, ernteten sie dort, wo sie ihn am wenigsten verdienten.

So spielt das Schicksal mit den Menschen; und jeder Schritt in der Geschichte beweist ihnen, daß ihr Wirkungskreis beschränkt und stets einer höheren Leitung untergeordnet ist.

*

Es gibt keine schwerere Aufgabe für den Feldherrn, als ein Gefecht abzubrechen, weil die nämlichen Ursachen, welche ihm einen solchen Entschluß abbringen, den Feind zugleich be=stimmen, seine Angriffe mit verdoppelter An=strengung fortzusetzen.

Man soll Zeit gewinnen, man soll den Gegner nöthigen, uns selbe zu lassen, wenn es von der größten Wichtigkeit für ihn ist, keine zu verlieren.

Dies Problem wird nur Jener lösen können, der den Gang des Gefechtes plötzlich so zu verändern versteht, daß der Feind inne halten muß, um für einen Fall neue Einleitungen zu treffen, auf den die bisherigen nicht mehr passen und der ihm unerwartet kommt.

Dies kann geschehen, wenn man

1mo. mit der ganzen Armee oder mit einem Theil derselben eine feste Stellung nimmt, welche zu kennen und anzugreifen Vorbereitungen erforderlich sind.

2do. durch Veränderung der bisher angenommenen in eine ganz verschiedene Marschrichtung; endlich

3tio. durch List, indem man den Feind durch Scheinbewegungen über unsere Absicht und dadurch über unsere Lage täuscht, auf Offensive deutet, wenn man den Rückzug anzutreten beschließt, selbst einige Truppen bei einem Angriffe aufopfert, indeß der größte Theil aus dem Gefechte gezogen wird u. dgl. m.

Doch beruht der Erfolg aller derartigen Unternehmungen auf begünstigenden Umständen im Terrain und auf der größten Schnelligkeit in der Ausführung.

Der schlesische Feldzug von 1813 liefert uns einige schöne Beispiele über die zweckmäßigste Art, ein Gefecht abzubrechen.

Meisterlich wußten die Preußen sich aus jedem bedeutenderen Gefechte herauszuziehen, ehe es dem überlegenen Feind möglich war, ihnen eine Niederlage beizubringen, entfernten sich jedoch nie so weit von dem Gegner, um ihn aus dem Auge zu verlieren.

*

Demonstrationen sollen den Feind über unsere Absicht irreführen; dieser Begriff um= faßt ihre ganze Wesenheit. Sie mögen aus Manövern oder aus Unternehmungen bestehen, so täuschen sie den Feind nur dann, wenn sie auf einen wahrscheinlichen Zweck hindeuten und wenn zugleich die Art, wie eine solche Hin= deutung ausgeführt wird, ernstliche Absichten verräth.

Demonstrationen zur Begünstigung eines Angriffes zerfallen in vorausgehende und in gleichzeitige.

Jene sollen dem Feinde die Kenntniß unseres Planes entziehen und seine Aufmerk= samkeit, sowie seine Kräfte von dem Punkte ent= fernen, auf welchen man sich werfen will. Diese erhalten ihn in der Ungewißheit, welcher von mehreren Angriffen eigentlich der ernstliche ist.

Beiden Arten von Demonstrationen muß eine wichtige Zeitberechnung zu Grunde liegen, damit sie nicht als solche erkannt werden, ehe ihr Zweck erreicht ist.

Erfolgen sie zu früh, so bleibt dem Feind Zeit, sich von ihrem Werthe zu überzeugen. Er wird den falschen Schritt, zu dem man ihn verleiten wollte, entweder gar nicht begehen oder wieder gut machen, ehe er ihm nachtheilig wurde.

Geschehen sie zu spät, so weiß er schon, woran er ist, ehe man ihn auf einen Irrweg führen konnte.

Im Sommer von 1796 hatte Moreau be=schlossen, bei Straßburg über den Rhein zu gehen. Indeß die Anstalten dazu getroffen wurden, rückte er mit der Armee an den Speier=bach vor, griff die Oesterreicher heftig an, hielt sie dort fest und brach dann plötzlich in Eil=märschen nach Straßburg auf.

Der Rhein war schon übersetzt, ehe der Feind, von seinen Absichten unterrichtet, auf der längeren Linie, die ihm zu Gebote stand, den gefährdeten Punkt erreichen konnte.

Am Tage des Ueberganges selbst wurden längs dem ganzen Rhein von Basel bis gegen Philippsburg Demonstrationen gemacht.

Alles, was so weit von dem Angriffs= punkt entfernt war, daß der Feind dort erst dann Nachricht davon erhalten konnte, als ihm über Moreau's Absicht kein Zweifel mehr übrig blieb, erscheint als eine unnütze Vergeudung von Kräften, welche dem entscheidenden Zweck entgingen.

✻

Jeder Krieg bringt Veränderungen in dem Geiste und den Sitten der Völker, neue Er= findungen in der Chemie und Mechanik, folg= lich Veränderungen in der Art hervor, die un= wandelbaren Grundsätze der Kriegswissenschaften anzuwenden.

Alte Waffen und Bewegungen verlieren ihre Wirksamkeit, und man ist in die Noth= wendigkeit versetzt, neue an ihrer Stelle zu er= finden.

Derlei Folgen haften an der Erfindung des Schießpulvers, der Kanonen, der Gewehre ohne Lunten u. s. w.

Sollten die Brandraketen in der Art ver=
bessert werden, um mit Sicherheit zur Schleu=
derung des Projectils zu dienen, so stehen uns
große Abänderungen in der Stellungs= sowie
Bewegungskunst bevor.

*

Dem Icarus gleich wollten mehrere unserer
neuen Systematiker der Sonne zufliegen, ver=
brannten sich aber die Flügel und fielen ins
Meer.

VIII.

Ueber das Duell.*)

Ich betrachte die Duelle als ein Ueber=
bleibsel jener rohen Zeit, in der man es für
erlaubt hielt, sich selbst mit Gewalt Recht zu
verschaffen. Sie stehen im Widerspruch mit jeder
Ordnung, und es ist daher Pflicht der Staats=
verwaltung, sie zu verhindern.

Sie vermehren sich bei den Armeen in dem
Maße als die Mannszucht abnimmt und sind
am häufigsten bei den schlechtbisciplinirtesten
Truppen. Sie liefern keinen Beweis von aus=
gezeichneter Tapferkeit, da Mancher vor dem
Feind den Muth nicht beweist, welchen er durch

*) Diese in aphoristischer Form gehaltene Beur=
theilung findet sich in einem Antwortschreiben an den
Prinzen Friedrich von Sachsen, Februar 1829.

Zweikämpfe darzuthun wähnt, bei denen ihm die Wahl seiner Gegner frei steht und oft auf schwächere fällt.

Zweierlei sind die Motive der Duelle:

Widersetzlichkeit gegen Befehle und Anordnungen der Vorgesetzten oder unziemliche Behandlung seines Gleichen.

Erstere darf man nie als Ehrensache betrachten, sie soll stets und unerbittlich sowie jeder Fehler gegen die Mannszucht nach aller Strenge der Gesetze bestraft werden.

Ueber Streitigkeiten wegen unziemlicher Behandlung sollte ein Ehrengericht entscheiden und so dem Beleidigten Genugthuung verschaffen und die Strafe des Schuldigen bestimmen, welche sich bis auf die Entlassung aus dem Dienste erstrecken könnte. Von diesem Ausspruche müßte man jedoch nicht appelliren dürfen, und es würde als ein Disciplinarverbrechen behandelt und bestraft werden, wenn die Betheiligten, nicht zufrieden, noch duelliren sollten.

Solch ein Vorschlag steht zwar mit manchem allgemeinen Vorurtheil im Widerspruch; sollte sich aber wohl dadurch die Staatsverwaltung abschrecken lassen, jene Anordnungen zu treffen, welche sie für das allgemeine Wohl, für die Gerechtigkeit, für das Fortschreiten der Cultur, für die Vertilgung von falschen Begriffen und für die Erhaltung der Mannszucht ersprießlich findet?

In der österreichischen Armee bestehen zwar strenge Gesetze gegen den Zweikampf, jedoch keine Ehrengerichte.*) Daher kommen die obersten Behörden nur selten in die Kenntniß der Duelle, welche doch zumeist aus unziemlichen Handlungen entstehen, für die man jene Gesetze als zu streng ansieht. Allein es vermehren sich durch diese Impunität fortwährend die Duelle, und es vermindert sich zugleich die Achtung und der Gehorsam für das Gesetz, welches nicht befolgt wird.

*) Dieselben sind seitdem eingeführt worden.